自闭症儿童教育学

普通班级青春期自闭症学生教学策略

沃特·卡维斯基（Walter Kaweski） 著

贺荟中 译

华东师范大学出版社

图书在版编目(CIP)数据

自闭症儿童教育学：普通班级青春期自闭症学生教学策略/(美)沃特·卡维斯基著；贺荟中译.—上海：华东师范大学出版社,2019
 ISBN 978-7-5675-8725-0

Ⅰ.①自… Ⅱ.①沃…②贺… Ⅲ.①孤独症－儿童－教育－特殊教育－教学研究 Ⅳ.①G766

中国版本图书馆CIP数据核字(2019)第034144号

自闭症儿童教育学：普通班级青春期自闭症学生教学策略

著　　者　沃特·卡维斯基
译　　者　贺荟中
项目编辑　张艺捷
责任校对　邱红穗
装帧设计　刘怡霖

出版发行　华东师范大学出版社
社　　址　上海市中山北路3663号　邮编 200062
网　　址　www.ecnupress.com.cn
电　　话　021-60821666　行政传真 021-62572105
客服电话　021-62865537　门市(邮购)电话 021-62869887
地　　址　上海市中山北路3663号华东师范大学校内先锋路口
网　　店　http://hdsdcbs.tmall.com

印 刷 者　常熟高专印刷有限公司
开　　本　787×1092　16开
印　　张　17
字　　数　232千字
版　　次　2019年3月第1版
印　　次　2019年3月第1次
书　　号　ISBN 978-7-5675-8725-0/G·11783
定　　价　48.00元

出版人　王焰

(如发现本版图书有印订质量问题，请寄回本社客服中心调换或电话021-62865537联系)

Teaching Adolescents with Autism: Practical Strategies for the Inclusive Classroom

by Walter Kaweski

Copyright © 2011 by Corwin

First Skyhorse Edition 2014.

Simplified Chinese translation copyright © East China Normal University Press Ltd, 2019.

Published by arrangement with Skyhorse Publishing.

All rights Reserved.

上海市版权局著作权合同登记　图字:09 - 2018 - 385 号

目 录

译者前言
前言 1
作者序言 1
致谢 1
关于作者 1
献词 1

引言 —————————————————— 1

第一章 认识自闭症 —————————————— 5

自闭症简介 6
自闭症在 DSM-IV-TR 中的定义 7
阿斯伯格综合征 8
阿斯伯格综合征 DSM-IV-TR 诊断标准 9
自闭谱系障碍的功能 10
自闭症的患病率 12
成因和危险因素 12
从诊断到课堂 14
社会技能和交流 15
先天因素 17
行为与情绪 18
认知与学习 21
感觉特征 23
重复动作 23

运动能力　25
　　　小结　26
　　　资源链接　26
　　　延伸阅读　27

第二章　认识融合教育 —— 28

　　　简史　29
　　　对隔离式安置方式的四个集中性批判　30
　　　美国《残疾人教育法》简介　31
　　　团队工作与协作　33
　　　高效团队的成员特点　35
　　　专业关系　36
　　　定义个体的价值　41
　　　小结　42
　　　资源链接　44
　　　延伸阅读　44

第三章　促进积极行为 —— 46

　　　行为　47
　　　挑战行为　48
　　　以人为本的支持　49
　　　行为是可解释的　53
　　　关系发展　53
　　　公平的标准　55
　　　九种尊重的表现　55
　　　减少挑战行为　55
　　　情绪发作　59
　　　稳定策略　60
　　　了解学生　61
　　　有效的行为支持　63
　　　这是不现实的　64
　　　小结　65
　　　资源链接　67
　　　延伸阅读　67

第四章　提高沟通能力 —— 69

　　沟通的形式　　　　　　　　　　　　70
　　沟通挑战　　　　　　　　　　　　　76
　　沟通干预　　　　　　　　　　　　　77
　　支持口语能力有限的学生　　　　　　79
　　小结　　　　　　　　　　　　　　　88
　　资源链接　　　　　　　　　　　　　89
　　延伸阅读　　　　　　　　　　　　　89

第五章　友谊和归属感 —— 91

　　发展友谊的障碍　　　　　　　　　　93
　　友谊发展中学生的角色　　　　　　　101
　　将尴尬的遭遇转化为可实施教学的时机　103
　　从障碍到最佳实践　　　　　　　　　106
　　小结　　　　　　　　　　　　　　　113
　　资源链接　　　　　　　　　　　　　114
　　延伸阅读　　　　　　　　　　　　　114

第六章　对支持的理解：支持多样化学习需求的有效策略 —— 116

　　关于调整的介绍　　　　　　　　　　116
　　设计合适的调整　　　　　　　　　　118
　　以学生为中心的教学　　　　　　　　119
　　考虑八个问题　　　　　　　　　　　120
　　将个别化教育计划目标嵌入情景中　　124
　　在不同情境中发展技能　　　　　　　125
　　学科相关的调整　　　　　　　　　　128
　　面向全体学生的调整策略　　　　　　131
　　小结　　　　　　　　　　　　　　　132
　　资源链接　　　　　　　　　　　　　133
　　延伸阅读　　　　　　　　　　　　　133

第七章　课堂教学：班级整体教学的有效策略 —— 134

　　国家课程报告的共同建议　　　　　　135

克服语言和沟通上的挑战 136
视觉支持 140
基于活动的教学 146
结构化设置、可预测的时间表 150
同伴支持 151
特殊的兴趣与动机 152
教授独立性 153
体验式的学习 157
小结 159
资源链接 160
延伸阅读 160

第八章 组织 —— 162

组织的定义 163
执行功能 164
管理信息 165
备忘录 165
视觉时间表 167
检核表 169
作业挑战 170
管理学习用品 171
三环活页夹 171
工具 173
小结 173
资源链接 174
延伸阅读 175

附录1：常用术语表 —— 176
附录2：特殊教育的缩略词 —— 185
资源第一部分：融合支持资源 —— 187

资源A：普通教育教室——目标和期望的结果 188
资源B：初中普通教育教室——授课 190
资源C：教师助手支持学生 192
资源D：教学助手——提供高质量的支持 193
资源E：休息时间 195
资源F：午餐/运动场 197

资源G：体育课堂——目标和期望的结果　　199
　　资源H：结构化的社交机会：社交活动和社交俱乐部　　201
　　资源I：学校工作　　203
　　资源J：指令、小组管理目标和期望的结果　　205
　　资源K：融合支持教师的作用与管理区域　　207
　　资源L.1：社交参与观察　　209
　　资源L.2：社交参与观察表　　212
　　资源M：学生在普通教育环境下的参与性评估：表1　　214
　　资源N：学生在普通教育环境下的参与性评估：表2　　216
　　资源O：学生档案信息　　218
　　资源P：家庭作业总结　　220

资源第二部分：行为支持资源 —— 221

　　资源Q：行为支持工具　　222
　　资源R：情境分析表　　224
　　资源S.1：散点图分析：样例　　225
　　资源S.2：散点图分析：表格　　226
　　资源T：积极行为支持　　227

参考文献 —— 228

译者前言

自闭谱系障碍,因其高发性、复杂性与强毁坏性,对人类健康与正常发展造成了极大影响,引起了世界各国政府与多学科领域学者的高度重视。据美国疾病控制与预防研究中心2016年的报告,每59个中儿童就有1个患自闭谱系障碍。

特殊教育学校中自闭谱系障碍儿童越来越多。而且,随着融合教育的推进,普通学校教师也开始越来越多地遇到这些孩子。在普通学校就读,是否为自闭谱系障碍学生的最佳教育安置?这取决于他们是否得到了支持,以及得到了怎样的支持。如果自闭谱系障碍学生能够得到普通学校教师恰当的支持,那么普通学校就是促进他们发展的最佳环境;如果他们得到的是错误的、不恰当的支持或者完全得不到支持,他们就会被同龄普通学生用有色眼镜看待,会出现过度依赖成年人、不愿参与学习活动、不愿参与需要独立完成的任务等行为,甚至出现情绪与行为上的问题、心理健康上的问题等。如果这样,普通学校就不是自闭谱系障碍学生发展的最佳教育安置。

如果普通学校的教师不能对自闭谱系障碍有正确全面的了解,看到的仅仅是自闭谱系障碍诊断的"标签"而非学生本身,这不仅会影响其对班级中的自闭谱系障碍学生的认识,还会直接影响其对这些学生的接纳、支持,以及对这类学生在课堂教学与学校生活参与度的期望等,也往往决定着自闭谱系障碍学生能否在普通教育班级中坚持下来。

众所周知,青春期是一个充满挑战性的过渡时期。所有的学生不仅要经历生理和心理方面的重大变化,也要面对学业任务要求难度增大、社会期望增长等外界压力,课程内容也更为抽象,家庭作业量增多,同伴关系比小学时期更加微妙复杂。青春期的学生不仅要应付生理、心理发展中的系列变化,还要适应学业压力,面对同伴关系与友谊的建立等问题。这些挑战对患有自闭谱系障碍的学生来说尤为困难。这些问题对普通班级的老师提出了挑战。如何给这类学生提供合适的支持,以促使其在普通学校教育中得到很好的发展,是关乎融合教育质量的重要问题。

译者长期从事自闭谱系障碍教育干预的有效性研究,并为特殊学校、普通学校自闭谱系障碍儿童教育提供咨询及教育干预指导。译者在这一过程中深刻感受到,为自闭谱系障碍学生提供恰当的教育,是当前我国特殊学校教师、普通学校教师最为困惑,亟需解决的问题。

当前我国融合教育正在如火如荼地开展,大量资源与关注都投向了自闭谱系障碍儿童,这当然必要。但是,为普通班级中青春期自闭症学生提供合适教育支持的问题,亟待解决,而系统全面地为普通班级中青春期自闭谱系障碍学生教育提供积极有效教学指导的书籍,尚未面世。本书正是专门为普通班级中有青春期自闭谱系障碍学生的教师,以及未来将成为相关教师和工作人员的人准备的。

之所以把这本书翻译推荐给大家,源于本书几个特色:(1)本书作者以一名融合教育教师、自闭谱系障碍学生父亲、自闭症专家、融合教育的积极支持者的多重身份,从实践经历和多学科多角度,探讨了普通班级中自闭谱系障碍学生的教育问题;(2)本书集中探讨了如何通过团队合作、提供支持和共同教学的方式,为普通学校班级中青春期自闭谱系障碍学生提供支持,以解决他们在课程学习与社会交往中面临的问题,促进其成功参与学校生活。(3)实践性特色。书中所提出的各种教育支持策略,能够有效地帮助自闭谱系障碍学生很好地融入班级课程学习并与同伴建立友谊。(4)理论性特色,书中提出了各种支持策略,不仅告诉了普通学校教师该如何为自闭谱系障碍学生融入学校提供支持,还解释了这样做的科学依据。(5)作者特别强调了在融合教育环境中如何充分发挥与利用同伴支持的积极作用。(6)附录中的资源包对于探讨与评估自闭谱系障碍学生在普通班级中的融合状态与学校教师的支持情况,具有积极的指导价值。

本书适合于普通教育教师、自闭谱系障碍研究者和管理者、自闭谱系障碍儿童的父母，以及对自闭谱系障碍或其他发展性障碍青少年感兴趣的读者。

衷心感谢华东师范大学出版社教心分社社长彭呈军、编辑张艺捷为本书顺利出版付出的卓越劳动！

人民对美好生活的向往，就是我们奋斗的目标，残疾人的美好生活，是中国梦的重要组成部分。中国特殊教育正迅速而科学地发展，自闭谱系障碍正日益引起大众关注，希望本书可以成为春雨中的一滴，浇灌中国特殊教育与自闭谱系障碍事业的成长发展，为星星的孩子带来福音。

贺荟中

2018年8月1日于上海

前　言

　　支持各类障碍学生以正式成员而不是旁听生的身份参与学校核心课程的学习与活动,这离不开学校全体教师之间的信息沟通、团队合作以及共同愿景。本书就是重点讲述,为促进自闭谱系障碍青少年成功参与普通学校教育生活的各个方面,所需经历的一个真实历程——团队合作、提供支持、共同教学,以及坚持不懈地通过创造性的方式来解决自闭谱系障碍学生所面临的学习与社交问题等。

　　作者以一名融合教育教师和自闭谱系障碍学生父亲的双重身份,将自己及其团队在普通教育中为自闭谱系障碍学生提供支持,并促进其成功参与学校与课堂生活的经验介绍给大家。这些支持性策略易于操作、实践性强,可以被用在普通教育中核心课程的教学、班级社会交往等各方面,以帮助自闭谱系障碍个体成功融入普通学校教育。虽然本书最主要的读者是那些在普通学校教育体系中的教师们,但家长、非专业人士及其他各类学校的教职员工,也能从通俗易懂的篇章和建议中获益。本书内容丰富、写作风格亲切随和,呈现了教师日复一日地面对各式各样学生的日常教学过程,当然也包括对各种障碍学生的教学。

　　第一章和第二章分别介绍了自闭谱系障碍与融合学校发展的相关背景知识;其他章节的内容有:提供社会支持的可操作性策略、调整核心课程、课堂组织、教学策略、积极行为支持、提升社会沟通的策略;同时,每一章节中都包括了可进一步阅读的文献与相关资源。

　　学校是学习的场所,这就意味着如果我们希望学生成为终身学习者,教师自己必须是终身学习者。作者显然深谙此道,他参加相关会议、阅读书籍期刊，收集信息，以便更好地为学生服务。我之所以对此有所了解，是因为作者是与我有合作关系的加州州立大学萨克拉门托分校一个项目的毕业生。在本书中，他与读者分享了自己发现的、最为成功的策略。我认为你会喜欢这本书，并能从中发现实用性强且易于掌握的方法。

——凯茜·吉

作者序言

本书源于我抚养自闭症儿子的经历,以及34年公立学校的任教经验。换句话说,本书是一位父亲,同时也是一名资深教育工作者的内心呼唤。

先讲讲我自己的故事。1991年,当我4岁的儿子史蒂文到幼儿园的时候,我并不是很了解发展性障碍,仅仅认为史蒂文是"不同的"。直到我们认识了后来的邻居,空军医生肯,才知道这种"不同",其实是自闭谱系障碍的症状。肯对我妻子劳拉说,"史蒂文有点儿不对劲,他不正常!"这句话使我们大为震惊。我们找到了儿科精神医生,我们的儿子被诊断为患有阿斯伯格综合征。刚开始,我们极力排斥这个诊断结果,并为我们可爱的儿子感到心痛。

多年来,我和劳拉对自闭症进行探究、参加各种会议、热烈欢迎康复专家到家里来。最初的恐惧,逐渐被史蒂文的积极、热情所取代。我们也越来越乐观。我们学习到了,希望你们也能学习到——个体并非只能停留在被诊断时的模样。

史蒂文的一个闪光点将验证我的观点。我们让史蒂文参加了铃木小提琴课程,在接下来的三年里,他逐渐成长为一名出色的小提琴演奏家,能够演奏巴赫和莫扎特的作品。当看到史蒂文在全校集会上在同学面前表演时,我们的喜悦之情油然而生。从这些早期经历中,我意识到了指导性实践的重要性。

写这个序言的时候,史蒂文刚满23岁。他是一个善解人意,有爱心的青年。他高中毕业,已步入大学,正在找女朋友。他满足一个父亲对成年儿子的所有期待。他有爱心、正直、深情和值得信赖。当史蒂文向你承诺时,你可以完全相信他会信守诺言。他的未来一片光明。

为什么写这本书呢?许多研究指出,如果给予发展性障碍人群错误的帮助,将会造成很大危害。对自闭症障碍有较少经验的普通学校教师,在普通教育环境中有责任为有特殊需要的学生提供支持。

传统的教学方法可能并不适用于自闭谱系障碍个体。许多自闭谱系障碍学生,都可以从学业、社会以及行为支持中获益,但如果没有足够的支持,很多自闭症学生可能会产生挫败感。

通常学生表现不如人意时,他们会被责怪,而不是得到系统支持。鉴于此,对普通教育教师的培训就显得尤为重要。国家研究委员会(2001)指出,人员配置仍然是促进自闭谱系障碍良性发展中最为薄弱的环节。

尽管人们对自闭症越来越关注,但很少有基于研究的资源可供教师使用。这部分资源能够帮助人们加深对处于中等和高等普通教育环境中的成年自闭症谱系个体的认识和了解。大部分已有研究更集中于对低学龄段学生或是能够推广到所有障碍类型个体层面知识的探讨。显然,这本书一定会受欢迎,因为它能满足庞大且多样化的青少年和成年群体的需要。

本书简介

这本书是为普通教育教师、自闭谱系障碍支持性专家和管理者、自闭谱系障碍儿童父母,以及其他对自闭谱系障碍或其他发展性障碍青少年,并且对循证实践干预感兴趣的人所写的。通过本书,读者将会对自闭谱系障碍学生的社会性、感知觉、认知以及挑战行为有一个整体认识。本书不仅有扎实的理论基础,而且有丰富的实用策略,目的是帮助教师在各种的教育环境下都能为各类学生提供适当支持。本书中的干预策略不仅对特殊学生有效,对普通学生同样有效。

本书结构清晰、图文并茂。每一章都为读者提供了研究策略和观点,还有为更好地理解本章目标所提供的支持信息。书中所涉及的重要概念以表格、图像和照片等方式形象呈现,同时,作者还通过亲身经历的事例对重要概念作出了进一步诠释。引用和轶事大大增加了全书的趣味性和可读性。

本书内容丰富,不仅能提高人们对几个相关重要领域的了解,还提供了能促进自闭谱系障碍儿童发展的教育支持的具体实施策略。基础理论为"怎么做"提供依据,书中介绍的每一种支持性策略都与实践相关联。

教师将从书中学习到中等和高等学校的环境因素、心理因素、生理因素以及社会压力因素是如何综合作用于学生的,以及怎样改善学生的状态。介绍这些策略,目的是帮助教师创造一个有同伴支持、有意义的参与和友谊发展的良好课堂环境。关于自闭谱系障碍学生社会性发展的最新研究成果继续强调了普通同伴参与对减轻自闭谱系障碍症状的重要意义。自然的同伴参与是贯穿本书的重点之一。

书中有一章是专门介绍调整适应的。教师将学习到如何借助多种支持性策略提升贯穿于环境背景和学科设置的教学内容。每一主题领域都包括特定调整,以及适用于所有内容的一般调整。作者用"SPECIAL"缩写表示一个良性的调整应该是简单(simple)、实用(practical)、明确(explicit)、社区性建设(community building)、独立性提升(independence promoting)、符合年龄(age appropriate)以及有逻辑性和意义的(logical and meaningful)。

态度决定一切。教师应该相信自闭谱系障碍学生有能力完成很多事情。社会上有人将残障人士看作是悲惨的少数群体,从诊断中感受到"痛苦"等现象,这是不公平的。本书质疑那些认为这些学生"不幸"、"有特殊需求"和"面临挑战"等由来已久的不准确的描述,旨在消除人们的误解。这些做法,可以使人们摒弃对残疾人固有的、不公平的、刻板的认识,取而代之以对这些标签背后的个体更高的期望。

全书每一章均有一个小结,其后是为帮助读者进一步深化认识而推荐的文献。读者可以直接阅读书籍延伸部分的资源库。同时,教学助手融合支持指南还能够在 www.corwin.com/adolescent autism 网站上查阅。

本书所涉知识点非常丰富,还引用了自闭谱系障碍、融合教育、教学方法论、学习理论、行为、人际沟通以及同伴干预策略等领域的最新研究成果。

本书还介绍了一些作家、教育工作者和研究者的观点,包括自闭症领域的著名专家,如西蒙·巴伦-科恩、凯西·多林、玛丽·贝思道尔、南希·弗伦奇、乌塔·弗里斯、凯西·吉、迈克尔·贾格列柯、吉恩·冈西格尔丁、坦普尔·格兰丁、安·哈尔弗森、诺曼·昆克、罗伯特和林恩·科格尔、菲利普·斯特兰奇、艾玛·范德克升格和布伦达·史密斯·迈尔斯。

本书还包括了作者的个人观点,作者集自闭症专家、融合教育支持者、一名被诊断为阿斯伯格综合征的 23 岁儿子的父亲等多重身份于一体。本书的特色在于贯穿全书的真实案例,这些案例都是作者和同事多年工作过程中所支持的学生的故事。这些故事为探讨青春期自闭谱系障碍青少年的教育问题增添了个体实践经历的视角,这都为本书所倡导的,正确认识自闭谱系障碍及为该类人群提供有效教育支持的价值观及其实践提供了强有力的支持。

作者从一名教育工作者和自闭症青年父亲的双重身份的视角强调了人们应该越过诊断的标签,将每个学生当作独一无二的个体——这是一个基于能力的理念——向自闭谱系障碍学生提出挑战,以激发他们的全部潜力。这些价值观在书中被大量图片和小插图所强化,传递了关于每个人成长和发展潜力的强有力的信息。

致　谢

　　我要向萨克拉门托州立大学特殊教育专业教授凯西·吉博士和吉恩博士表示衷心感谢,非常感谢他们这些年来对我坚定地支持和有效地指导。他们对融合教育的卓越贡献,以及基于研究的实践领域丰富的专业知识,是我致力于为自闭谱系障碍学生开发一个融合项目的有力指导。我很荣幸能与这些优秀的专家共事。

　　感谢旧金山州立大学凯西·多林博士让我们在本书资源库部分加入您杰出的成果——"培育良性学生成果的思考工具,2010",这组有价值的资源将指导融合项目走向最佳实践方向。感谢您对本项目的支持!您对于融合的思想和明确的愿景都对我帮助很大。

　　感谢玛丽·贝思道尔博士,感谢您对本项目的热情支持和鼓励。您的建议对本书编写起到指导作用,也给予了我莫大的激励。

　　特别感谢约翰巴雷特中学校长丽莎·赫斯卓姆-史密斯在制定全面融合计划方面的支持和领导。丽莎始终如一地倡导为残疾学生寻求融合机会,这对我们整个学校的课程发展产生了重大影响。公共教育需要更多的像丽莎这样的管理者。

　　非常感谢戴道尔·凯绰在关键期时提供的支持。戴道尔提供的区域级支持,在不否定我们努力的前提下,帮助改善了支持性战略。在我们需要帮助时,她提供了建议,还有善意的幽默。谢谢特德·达罗在项目初始阶段提供的援助,你的鼓励让克服困难更为容易。副校长瓦莱丽·洛特在很多时刻都表现出卓越的智慧,她深刻的见解和耐心极大地帮助到了处于危机期的学生。

非常感谢言语病理学家劳拉·埃诺斯·格罗弗,自闭症专家迈克·普瑞缇斯以及学校顾问劳里·费尼厄尼,他们是专业内的"黄金标准"。他们对障碍学生不懈的奉献以及自身所具备的专业知识,使我们地区中许多孩子的生活都发生了巨大的变化。

感谢我的教学助手们促进了融合项目的开展。感谢莎拉·德里奥、雪莉·鲁斯、特里斯·埃斯克特和吉莉安·内斯利。在我看来,你们是这个领域最棒的专业人员。

非常感谢我的老师和同事们,安妮·安德森、布兰达·丹泽、安妮·比林顿、格伦·布斯克、凯瑟琳·布洛杰特、辛西娅·布克、温蒂·卡尔森、艾米·孔蒂、詹妮弗·丹尼尔斯、黛博拉·艾森顿、布瑞·盖耶克、吉奥弗瑞、吉尔、维克·浩贝克、约翰·希金斯、科林·奥涅格、汤姆·亨特、塔米·欧文、金凯勒、贝瑞·洛克特、蒂姆·麦坎德丽丝、瑞贝卡·麦肯罗、安吉拉·道夫、金·奥斯特坎普、卡伦·帕特森、珍妮弗·斯迈利、汤姆·斯特罗贝尔、塔利·萨克尔、戴夫·汤普森、安妮·瓦内利、诺曼基·维蒙、格蕾丝·瓦浩,以及东妮·怀特,感谢你们培养的所有学生,帮助我们建立起一个温馨和谐的融合性学习社区。我们共同努力,克服了实施整个校园融合计划过程中的挑战。你们对新思想的热情和冒险意愿启发了许多学生。

感谢凯瑞·凯森,你不仅仅是我们学区的一名学校护士和健康顾问,也是我的智友。你有非凡的能力,总能在面对问题时保持问题意识。感激你多次提醒我,不管问题多么困难和复杂,都要从家庭需要的角度看待所有问题,从最佳角度看待障碍。

这本书,离不开柯文出版公司编辑人员的指导支持。首先要感谢采编杰西卡·艾伦和大卫·曹对这个项目以及未来发展趋势的信任。大卫提供了改进手稿的最初想法,杰西卡通过同行评审过程推进项目,并将她的发现和建议提交至柯文/世哲出版物编辑委员会,他们的工作为后续事宜奠定了基础。还要感谢编辑助理丽莎·惠特尼。她在处理与权限和照片发布有关的众多细节上提供了帮助,并在推进出版过程中解答了我许多困惑。衷心感谢生产编辑艾米·史瑞尔和文字编辑布伦达·韦特为出版手稿提供的协助。艾米协调了部门在生产过程中的责任,同时监督了整个生产过程,还让我了解了出版过程。我特别感谢编辑布伦达·韦特。她是一名一流的文案编辑专家。稿件准备过程中,她谨慎地关注着需要处理的细节。最后,感谢柯文艺术设计部,尤其是为本书设计漂亮封面的迈克尔·杜鲍。

我想向我的儿子韦恩和史蒂文,以及漂亮的儿媳伊欧玟表达深深的爱,感谢你们一路上对我的支持和鼓励。

最后,非常感谢我的妻子劳拉为这个项目提供的巨大帮助。一路上,你对我的好是难以描述的。从检查到编辑的每一件事,以及更为重要的,你为完成这个项目所付出的极大的耐心和时间,我非常感激。亲爱的,我爱你!

关于作者

沃特·卡维斯基硕士是加利福尼亚州萨克拉门托郊区圣胡安联合学区的教师、自闭谱系障碍专家和融合教育协调者。拥有在普通教育领域35年的从教经验,他教过各种科目和不同年级,包括高中英语、阅读、数学、历史和器乐。卡维斯基先生为自闭症学生开发了一个成功的融合课程,获得了其所在学区颁发的2007年度最佳教师奖。他同萨克拉门托州立大学合作,对申请特殊教育资格证的教师进行培训。他曾在地方、州和全国会议上就自闭症学生的包容支持和友谊发展等议题发表演讲。

卡维斯基先生从萨克拉门托州立大学获得了特殊教育硕士学位,他不仅是一位面对中重度障碍人群的特殊教育专家,也是一位跨文化专家、语言学专家与促进学生学业发展的专家。

关于贡献者

让·戈西尔-格丁博士是加州州立大学萨克拉门托分校特殊教育学系儿童康复、学校心理学和聋人研究中心的副教授。她获得了斯坦福大学教育学院的社会科学教育硕士学位,以及加利福尼亚大学伯克利分校与旧金山州立大学的特殊教育博士学位。让·戈西尔-格丁博士的教学和研究兴趣有:融合教育的实践、自闭谱系障碍学生的教学策略、同伴支持和社会关系、积极行为支持、跨专业合作、家庭支持,以及为促进宣传、领导和系统变革而进行的特殊教育教师的准备。

关于插图作者

戴文·史密斯是一名八年级的学生,曾就读于加利福尼亚州卡迈克尔的巴雷特中学。戴文·史密斯是一位出色的自学成才的漫画家,很早便展现了绘画天赋。他曾因其绘画才华而获得"优秀美术部奖"。他那滑稽和欢闹的画作所展现出的幽默和机智,让他在学区中备受尊重。

献　词

致我最爱的妻子——劳拉：谢谢你在这本书编写的整个过程中无私的付出，一如既往地鼓励以及提出的成熟的建议。亲爱的，你是最优秀的。

特别致谢

谢谢您，让·戈西尔-格丁博士，感谢您所提供的独到的见解和中肯的建议。您在本书成书的最后几周给予的支持，我将永远感恩于心。

引 言

"没有人如我一般,我是一个彻头彻尾的失败者!"13岁的阿德里安娜哭着说道。她是一个被诊断为患有自闭谱系障碍的七年级女孩。她刚刚独自一人在校园附近徘徊了又一个午餐时间,而与此同时,她的同伴们正在玩闹、聊天、做游戏,享受着彼此的陪伴。阿德里安娜以这种"另类"的方式度过了许多午餐时间,她没有朋友,虽然想要融入其中却不知道怎么办。

有很多像阿德里安娜一样的学生。阿德里安娜代表着这样一类被诊断为患有自闭谱系障碍,并有特殊教育需求的学龄儿童。尽管带着自闭谱系障碍的标签,但这一标签并不能定义阿德里安娜是怎样的一个人。所以,谁是阿德里安娜?她是约瑟和撒拉的女儿,亚伦的妹妹。她喜欢跳舞,并在听到学校舞会日期宣布之时,会开心地蹦蹦跳跳。阿德里安娜是一个优秀的学生,她会尽自己最大的努力认真完成每一项作业。她是"数学优秀奖"的获得者,这一奖项是学校每学年颁发给数学成绩最优秀的学生的。由于阿德里安娜难以理解抽象性的概念,所以她在阅读理解中得到了支持与帮助。她想有一天能够结婚成家。从很多方面来看,阿德里安娜是一个普通的正常青少年,她的梦想与正常发展的同龄人非常相似。

让我们面对现实吧……青春期是一个具有挑战性的过渡时期,所有的学生都将经历重大的生理和心理方面的变化。学业需求和社会期望的增大,课程内容包含着更加抽象的概念,家庭作业更多,同伴关系也变得更加微妙和复杂,学生们也要在较多课程的转换之间奔走在校园里。所以学生们协调组织学习与生活、承担各科的学业责任、满足教师的期望和结交朋友方面等的问题都变得复杂起来。而这些挑战对于患有自闭谱系障碍的学生来说,可能尤其困难(Farrugia & Hudson, 2006)。

有许多像阿德里安娜一样的孩子,他们在努力适应自己的学业要求和社会需求。这些孩子有与正常发展的同龄人不相上下的潜质,但这些学生中有太多的人经历了社会孤立、嘲笑、自我怀疑、自卑和学业失败。事实上,这一切是不必要的!

问题在于:研究表明,在支持策略得到执行的前提下,普通的教育安置方式是一种最佳的学习环境。然而,研究同时表明,粗糙的、错误的支持会使自闭谱系障碍学生在同龄人中蒙上污名,导致学生过度依赖成年人,不愿意参与学习活动和需要独立完成的任务(Giangreco, Edelman, Luiselli, & MacFarland, 1997)。如果得到的支持是错误的或不当的,这些自闭谱系障碍学生中的许多人在青少年时期,可能会出现严重的行为或情绪问题。为了避免这些不利的后果,并有效地将特殊学生纳入普通教育安置环境内,培训、深思熟虑的计划、为分配给他们的老师提供支持显得尤为重要。

我们如何使它运行呢?当教师对自闭症有所认识,并认识到支持性策略适用于个体时,包括自闭症学生在内的所有学生都将从中获益。教师应实行以人为本的策略,以促进学生学业成绩、情感成长、独立、自主和友谊等方面的发展。优秀的教师会根据学生的学习风格选择教学指导;他们会为学生提供融入融合思想的参与式学习体验;他们不会轻易气馁,会考虑各种可能性,是优秀的问题解决者;他们天生乐观、精力充沛、为人正直。

本书将为教师提供帮助。教师应不断寻求理解和改进适用于自闭谱系障碍学生的干预策略,该策略贯穿中等和高等教育安置环境。作为父母、特殊教育教师、行政管理人员和教学支持人员的教育合作伙伴,普通教育教师是教育团队中重要的成员,专门为自闭谱系障碍学生提供学习体验。

你有很多东西需要学习。你需要了解患有自闭谱系障碍的个体的社交、感知觉、认知和问题行为等方面的特征,以及成功支持学生充分参与学校活动所需的技能。本书将帮助你认识到自闭症个体除标签之外的特点。这些章节中介绍的知识和技能将有助于学生克服面临的学习和友谊方面的些许障碍。

牢记自己的角色对自闭谱系障碍学生是很重要的。青春期时,成功的学校经历能够增加个体以后成为更好的成人的可能性,同时对健康的青少年发展也是十分重要的。没有人想看到阿德里安娜以及像她一样的学生们艰难地度过他们的青少年时期。我们希望她学习,并成功,发展她的才能,发挥她的潜力。我们希望她能像其他人一样享受学校生活、结交朋友,获得归属感。这本书的内容将会为实现上述的愿景提供帮助。

作者在自闭症干预和特殊教育领域吸取了多种信息来源,高度重视基于证据的研究实践,即"循证实践"。除了特殊教育者和融合教育协调者的身份以外,作为一名自闭症孩子父亲的个人经历也为本书增添了特别的价值。

谢谢您的关注!您在指导教学和鼓励学生理解和接受方面发挥的重要作用值得尊重和赞赏。感谢您的承诺和奉献!谢谢您愿意进行更多的学习。我们希望您能从本书中得到启发。

当他们对自己说不可能的时候,就已经不可能了。

——海伦·凯勒(Helen Keller)

第一章
认识自闭症

> 自闭症是一种无法回避的存在。它是普遍的,每一种经历、感觉、知觉、思想、情感、遭遇,存在的方方面面都被涂上了独特的色彩。把自闭症和人分开是不可能的。
>
> ——吉姆·辛克莱(1993)

第一章着重简要介绍自闭谱系障碍,因为了解原因的支持结果会更好。尽管与自闭症有关的话题经常在新闻里出现,但这种障碍并没有得到公众广泛认知。很多人对自闭症个体的认知仍旧基于《雨人》、《阿甘正传》、《莫扎特和鲸鱼》和《亚当》等电影的描述。虽然这些描述有一些是真实的,但每个都只是单一个体的写照。更复杂的是,自闭症学生基本没有身体上的残疾,他不使用支架,也不需要导盲犬的引导。从外表上来看,与普通学生没有差异,也没有任何生理上的缺陷。然而,尽管外表如常,自闭症诊断却会让这个学生与他人隔绝,同时扭曲他对自己所生活世界的认知。

通常,学校和社会对隐藏的残疾容忍度较低。学生和成人很难去理解他们看不见的差异。自闭谱系障碍学生对事物的感知不同于发展正常的同龄人,并且可能以不同寻常的方式做出反应。

因此,这些学生常会被误解。误解会导致虐待、排斥甚至侮辱。了解自闭谱系障碍一定范围的潜在特征,将会使你成为一个有效的教师和倡导者。

教师不仅要在课堂上支持学生的学业需求,还需要缩小自闭症学生和他的正常同伴之间在理解上存在的差距。这往往不是件容易的事,教师需要深入考虑自闭症学生那些看起来与普通学生不同的表现,甚至是令人困惑的行为。但如果教师具备自闭谱系障碍相关知识,误解就会大大减少,同时教师还可以引导普通学生接纳他们甚至与他们发展出友谊。

关系的建立是开发自闭症儿童潜能的关键。努力帮助他们与别人建立联系,未来你就会发现你付出的时间和努力将会带来回报的。

自闭症简介

自闭症是一种神经发育障碍,被认为有遗传基础,影响大脑处理和解释不同类型信息的能力。障碍可能发生在一系列行为中,通常可以分为三个方面:

1. 社会互动
2. 语言和非语言交流
3. 限制性的兴趣和行为模式

自闭症被认为是发展性障碍。因为自闭症的症状通常在 3 岁之前就有所表现,并在整个生命周期中持续。的确如此,自闭症对孩子的发展具有深刻影响。自闭症学生在沟通交流上有显著缺陷。在童年早期,他们就缺乏恰当的表达性语言。当父母来到婴儿床前,他们可能不会像普通婴儿一样有眼神注视或微笑和互动。等长大一点,自发的假装游戏,以及与他人兴趣分享等多样的典型游戏行为也会显著减少甚至缺失。他们不会努力理解他人的想法或与之相协调。非言语的和口语沟通的微妙形式,如肢体语言、手势、语调、讽刺和方言的使用等,都会被他们误解或忽视。一些学生会表现出"刻板行为",这些都符合自闭症的典型特征,如兴趣狭窄、行为重复。

"自闭症"这个术语,最早于 20 世纪 40 年代由精神病学家列昂·肯纳提出,用于描述一群拥有相似行为模式的儿童(Kanner, 1943)。60 多年后的今天,自闭症被认为是一种发展性障碍或谱系障碍,其潜在的差异范围(谱系)从中等到显著的变化很大,程度也不同,对每个人的影响也不同。美国精神病协会(2000)发布的,用于诊断儿童和成人精神障碍的《精神疾病诊断与统计手册第 4 版(修订)》(DSM-Ⅳ-TR),已经在发展性障碍中区分出五类:自闭谱系障碍、阿斯伯格综合征、待分类的广泛性发育障碍、儿童瓦解性精神障碍和雷特综合征。

为了更好地认识自闭症,请阅读以下 DSM-Ⅳ-TR 的诊断标准:

自闭症在 DSM-Ⅳ-TR 中的定义

A. 在以下(1)(2)(3)3 个项目中符合 6 条(或更多),其中在(1)项中符合至少 2 条,在(2)和(3)中至少符合 1 条:
(1) 社会交往中质的损害,至少表现出以下 2 项:
　　(a) 多种非语言行为的使用有明显障碍,如眼睛注视、面部表情、身体姿势和用姿势来调节社交活动等。
　　(b) 无法与同龄儿童发展同伴关系。
　　(c) 缺乏自发与他人分享乐趣、兴趣或成就的表现(例如,缺乏展示、与他人分享爱好或能指出他人感兴趣的事物)。
　　(d) 缺乏社交或情感上的互动。
(2) 交流中表现出质的损害,至少表现出以下 1 项:
　　(a) 口语发展的延迟或完全缺失(不伴有试图通过诸如手势等其他交流方式的交流)。
　　(b) 有足够言语的个体,与他人交谈或维持谈话的能力显著受到损害。
　　(c) 语言或特殊语言的刻板和重复使用。
　　(d) 缺乏适应发展水平的各种自发的假装游戏或社会模仿游戏。
(3) 限制性行为、兴趣和活动的重复与刻板模式,至少表现出以下 1 项:
　　(a) 对一个或多个限制的兴趣模式的关注,在强度或焦点上不正常。
　　(b) 对特定的、无功能的惯例或仪式有明显的、顽固的坚持。
　　(c) 刻板重复的动作举止(例如,手或手指拍打或扭曲、复杂的全身运动)。

  (d) 持续专注于物体的一部分。

 B. 在以下至少一方面的延迟或功能异常,在3岁之前表现出来:

(1) 社会互动;

(2) 语言作为社会交际;

(3) 模仿或想象的能力。

 C. 以上症状不能用雷特综合征和儿童瓦解性精神障碍解释。

阿斯伯格综合征

  使自闭谱系障碍更加复杂的是一群不符合"典型"自闭症特征的人——阿斯伯格综合征患者被诊断为阿斯伯格综合征的学生和自闭症的学生一样会面临很多相同的挑战;然而,他们的认知和语言特征发展却与普通学生更为相近。

  1944年,澳大利亚医生汉斯·阿斯伯格描述了他在维也纳儿科诊所里看到的儿童。他们的智力达到或是高于平均水平,与那些患有典型自闭症的孩子相比,他们在沟通和社交互动方面的挑战更少。在4名男孩中,阿斯伯格定义了一种行为和能力的模式,他称之为自闭症精神病,意思是自闭症(自己)和精神病(人格疾病)。这个模式包括"缺乏同情心、缺乏建立友谊的能力,局限性对话,强烈的特殊兴趣,以及笨拙的动作"(Asperger, 1944)。阿斯伯格注意到,这些孩子可以详细地谈论他们最喜欢的话题。与典型的自闭症儿童相比,他们说话的方式较为"正常",但他们的表达方式和行为仍显得很古怪,在社交方面也常遭遇尴尬。

  患有阿斯伯格综合征的学生在童年时期往往表现得较为正常(即:正常的父母依恋模式和寻求成人和同伴的社会互动)。因为他们能够像普通的婴儿和蹒跚学步的婴儿那样互动,而且没有明显的认知延迟。与典型的自闭症儿童相比,他们可能在更长一段时间内不会被诊断出来。从许多诊断专家的观点来看,正常的早期语言发展和社会适应行为以及推迟的发病年龄,使这些孩子在很长一段时间内不会被诊断为自闭症(Attwood, 2008; Volkmar & Lord, 2007)。

随着年龄的增长，阿斯伯格综合征的儿童，倾向于以一种比正常儿童更为成熟的语法和内容来表达自己。但当他们进入小学这一高度社会化的世界后，他们交流方面的挑战就会变得明显。他们的会话主题局限于以他们狭隘的、不寻常的兴趣为中心，他们一般不考虑，或者不会意识到听众的兴趣和参与程度。尽管他们的演讲看上去很成熟，反映出的却是这些学生更微妙的社交沟通挑战。正因为如此，阿斯伯格综合征儿童往往到小学才可能被诊断出来就不足为奇了，一般来说，阿斯伯格综合征儿童的平均诊断年龄为11岁（Howlin & Asgharian，1999）。

目前学界对于阿斯伯格综合征的诊断标准存在争议。阿斯伯格综合征作为一种独立于自闭症的诊断，其有效性目前正在审核中（Tryon，Mayes，Rhodes，& Waldo，2006）。可以预测的是，阿斯伯格综合征会于2012年被从美国精神病学会（APA）出版的《精神疾病的诊断与统计手册》第五版（DSM-V）中移除，不再被作为自闭谱系障碍中的一个明显的障碍亚型看待（Swedo，2009）。尽管官方预期会取消这一诊断标签，但你很可能会遇到认同阿斯伯格综合征的学生和父母。因此，在改变发生之前，把阿斯伯格综合征的诊断作为自闭症的一个子类来了解是合适的，下面是阿斯伯格综合征的 DSM-Ⅳ-TR 诊断标准：

阿斯伯格综合征 DSM-Ⅳ-TR 诊断标准

A. 社会交往中的质的损害，至少表现出以下2项：

（1）多种非言语行为的使用有明显障碍，如眼睛注视、面部表情、身体姿势和用手势调节社交活动等。

（2）不能建立与其发展水平相适应的同伴关系。

（3）缺乏自发与他人分享乐趣、兴趣或成就的表现（例如，缺乏展示、带来或指出他人感兴趣的事物）

（4）缺乏社交或情感上的互动。

B. 限制性行为、兴趣和活动的重复与刻板模式，至少有下列表现之一：

（1）对一种或多种刻板和限制性兴趣模式的关注，在强度或焦点上不正常。

(2) 对特定的、无功能的惯例或仪式有明显的、顽固的坚持。

(3) 刻板重复的动作举止(例如,手或手指拍打或扭曲、复杂的全身运动)。

(4) 持续专注于物体的一部分。

C. 这种干扰在社会、职业或其他重要的功能领域造成了临床显著的损伤。

D. 在语言发展方面没有显著的普遍延迟(例如,2岁时使用单个单词,3岁时使用交际短语)。

E. 在认知发展方面,或者在发展与年龄相关的自助技能、适应性行为(除了社会交往)和对童年环境的好奇心方面,没有临床上的显著延迟。

F. 不符合其他广泛性发育障碍或精神分裂症的标准。

正如前面提到的,除了自闭症和阿斯伯格综合征,还有其他三种诊断标签属于广泛性发育障碍的范畴:待分类的广泛性发育障碍、儿童瓦解性精神障碍和雷特综合征。在这里,也将每个分类都简要地描述一下。待分类的广泛性发育障碍是一种有社会交往和沟通障碍和/或刻板的行为模式或兴趣明显受损,但不满足自闭症或其他明确定义的自闭谱系障碍的全部特征的情况(Volkmar & Lord, 2007)。雷特综合征是一种伴X染色体显性遗传病,主要影响女孩。其特征是早期发育正常,随后逐渐发展缓慢,失去有目的地使用手的能力,伴有独特的手部运动,大脑和头部发育缓慢,在行走方面、智力方面等都有问题,也常伴有癫痫发作。儿童瓦解性精神障碍是一种罕见的疾病,男孩比女孩更容易患病。一个患有这种疾病的孩子在2—5岁会表现出语言和非语言交流,社交关系、运动、玩耍和自我护理技能的正常发展。然而,在仅仅几个月的时间里,孩子在智力、社交、语言、玩耍和自我保健(如膀胱和肠道控制)能力方面就会急剧恶化或倒退,并可能像一个患有严重自闭症的孩子(Attwood, 2008; Volkmar & Lord, 2007)。

自闭谱系障碍的功能

自闭谱系障碍个体没有哪两个是具有完全相同的特征、优势和挑战的。每个个体在症状的形式和程度上都是独特的。不幸的是,自闭症的诊断往往是根据个体的"功能"与普通发展个体有多近,将其划分为任意的连续体。一般来说,有智力障碍且有最严重的自闭症的个体被称为"低功能";具有与普通发展个体更相近的特征且智力正常的个体被称为"高功能"。

要避免先入为主的观念。单维的、低或高功能标签是十分不精确的,并且往往具有误导性。要知道这些标签是有争议的,对于充分理解学生的学习和行为特征没有什么用处。有些学生的语言表达能力很弱,非常古怪,他们表现出不正常的行为,但他们很聪明。考虑到自闭症患者的行为和他们所面临的社会挑战,他们不会以我们所理解的方式展示他们的智力。

一些自闭症学生表现出"高功能"和"低功能"的混合特征。自闭症学生可能存在也可能不存在智力挑战。一些患有自闭谱系障碍的学生具有出色的书面语言能力,但却不具备正常的语言能力。另外一些自闭症可能很聪明,但需要他人照顾。

重要的一点是:不要根据外表或单一的正式考试分数推断学生的功能水平。教师应利用自闭症学生的潜能需要时间,在各种环境中进行多次观察,从而透彻了解学生表达和接受的交流方式和能力。

假设能力(assume competence)。无语言的学生可以通过替代和辅助沟通系统扩大自己的词汇表达范围。智力受到挑战的学生可以在支持和鼓励下完成调整后的学

图1.1 一个人——而不是一个标签

业任务。如果有一个鼓励和尊重的支持系统,那些努力与同龄人互动的自闭症学生便可以与同龄人交朋友。了解学生并且与学生发展一段关系,你很可能会对你发现的东西感到惊喜。

此外,请记住,个体最终发展的结果差异很大,其高度依赖于学生接

受的支持的质量。典型自闭症和阿斯伯格综合征最吸引人的一个方面是高度的个性化，即以学生为中心的个人主义。每个人都是独一无二的个体，有自己的特点、才能、天赋和挑战。在与学生一起工作的时候，要充分考虑到这些，要避免因诊断相关的诱惑而牺牲标签背后的人的利益，要把每个学生视为一个独特的个体。

自闭症的患病率

自闭症是最常见的发育障碍之一，每110个婴儿中大约有1个患自闭症(CDC, 2010)。粗略地说明一下，这意味着现在有超过150万美国人被认为患有某种形式的自闭症，而且这个数字还在增长。考虑到美国教育部和其他政府机构的统计数据，自闭症正以每年10%到17%的惊人速度增长。以这种速度，美国自闭症协会估计，未来10年在美国，患自闭症的人数可能达到400万。自闭症的发生率在不同的种族、民族、社会和经济环境中基本相同。家庭生活方式和文化程度不会影响自闭症的发生率。虽然自闭症的发病率在全球范围内基本一致，但自闭症男女发生比例大约是2:1，而阿斯伯格综合征的男女患病比例是5:1。

成因和危险因素

我们不知道自闭症发生全部的成因。但是，我们已了解到多种类型的自闭症背后可能存在的多种原因。出生前和出生后存在几个可能的危险因素，更容易使孩子患自闭症，包括环境因素、生物因素和遗传因素。此外，我们确定，"不良的养育方式导致自闭症"这一曾广泛传播的观点是不正确的。

为了理解遗传学是如何起作用的，研究人员研究了同卵双胞胎的自闭症发生率。同卵双胞胎共享100%的基因，因为他们是由同一受精卵一分为二发育而来的。异卵双胞胎在基因上则是不同的，他们是由两个单独的受精卵发育而来。在对同卵双胞胎的研究中研究者发现，在确诊的自闭症婴儿中,有60%—96%的双胞胎同时患有自闭症。相比之下,在异卵双胞胎中,两人同患自闭症的概率为0%—3%不等。这个概率与非孪生兄弟姐妹相一致。

研究人员正在试图找出导致自闭症的确切基因。目前研究者怀疑有多达15种不同的基因可能参与其中。这些基因相互作用进而导致自闭症的模式是复杂的。每个基因都可能扮演一个小角色,或者这些基因之间的交互作用可能在某种程度上导致了自闭症。更重要的是,自闭症的诊断实际上涉及的是对行为和特征的主观描述,这可能掩盖了一个事实,即不同的原因可能导致表面上相似的表达。换句话说,看起来类似的自闭症症状可能是不同的疾病或是多种因素综合作用的结果。

具体的环境因素会影响儿童患自闭症的可能性,但对于这一点,研究界还没有达成共识。科学证据确实表明,暴露于毒素、化学品、杀虫剂和阻燃剂下以及产前和产后的病毒可能与自闭症有关(Roberts等,2007),但仍缺乏确凿的证据。暴露于过量的汞之下,特别是儿童疫苗防腐剂的硫柳汞,曾经被怀疑是引发自闭症的元凶。然而,还没等科学家们研究出两者之间明确的联系(Sears,2007),这种物质就已经不再被人们使用了。

一些家长担心,越来越多地接种儿童疫苗可能会损害儿童的免疫系统,尤其是麻疹、腮腺炎和风疹疫苗,会导致儿童患自闭症。然而,研究人员广泛调查后没有发现麻疹、腮腺炎和风疹疫苗导致自闭症的证据。

为了最终确定自闭症的遗传和环境因素,研究者还需要进行更多的研究。在这之前我们不能100%确定自闭症的病因。

尽管研究自闭症很复杂,但可靠的研究依然在全球范围内开展着。研究所获得的新知识影响着未来调查的方向。在过去10年里,自闭症研究的资金急剧增加,并且随着非营利组织和政府资源的更多投入,自闭症的研究也越来越多。自闭症领域涉及众多学科的知识,从医学、生物学、行为学、传播学到教育学。

表1.1 什么导致了自闭症？

可能原因	可能性	注　解
疫苗	低	美国疾病控制和预防中心与美国国家卫生研究院都报告，疫苗和自闭症没有关系。
遗传学	高	儿童的父母所在家庭，如果有患自闭症的个体，那该儿童患自闭症的风险性就高。
免疫性缺陷	低	美国国家卫生研究院报告,证据不足。
食物过敏	低	一些有关证据已被发现，但证据不足。
非典型大脑发育	高	研究人员发现自闭症患者和普通人的大脑,尤其在额叶皮质区之间存在差异。
不良的家庭和父母养育方式	无事实根据	自闭症与父母教养方式没有因果关系。

来源：美国疾病控制和预防中心，自闭症资源中心(2010)。

从诊断到课堂

如前面所述，学校对自闭症学生的诊断仍存在误解，这为在普通教育环境中教育自闭症学生带来了挑战。未知会引起师生的不适甚至恐惧。一些老师担心在课堂上自闭症学生会干扰学习进程。而事实上，这种担忧是缺乏依据的。研究表明，大多数被诊断为高功能的自闭谱系障碍高中生在普通教育背景下，都得到了一定的支持，支持程度范围为从最少到中度。美国全国特殊教育研究报告显示，33％自闭症学生在普通班级能与正常儿童一样接受相同的教学，而约47％自闭症学生需要教师对"设置的普通教育课程作一些修改"(Newman, 2007)。这些统计数字对自闭症学生需要被隔离的教育安置理念提出了质疑。

可以说，自闭症学生的存在实际上可以提高正常学生的学习经验与学习意识(Chandler-Olcott & Kluth, 2009)。

令人倍受鼓舞的是，旨在支持自闭症学生学习的教学干预，实际上对普通学生也有帮助。我们将在后面的章节中详细探讨这些策略。

学生的参与和学习能力的提高取决于教师在对现有情况了解下所

提供的支持。一旦教师了解自闭症的诊断特征,他们就不那么担心了,也更愿意接受他们作为自己的学生。请记住:仅仅了解学生的诊断特征是不够的,教师还需要了解自闭症如何影响个体的发展。研究指出,有家长报告说,理解自闭谱系障碍的教师通常对学生的性格特征更为宽容(JacksonBrewin, Renwick, & Schormans, 2008)。

对自闭症的理解也使教师能够感知学生潜在的挑战,并创造一个支持性的课堂环境帮助学生应对挑战。

下面的内容将帮助您了解自闭谱系障碍潜在的社会交际、感觉、运动范围和行为特征,并且了解这一障碍及其发展所需的知识和技能,提倡和支持学生充分参与到课堂中。

社会技能和交流

对于青少年和年幼的自闭症来说,理解他人的意思比理解抽象的文字更难。

——杰克逊(Jackson, 2002)

交流作为一种分享信息和经验的方式,是一项重要的社会活动,是建立关系的基础,是理解经验和与他人产生联系的必要条件。那些懂得倾听和向他人传达信息的学生总是比那些没有掌握这些技能的学生更有信心。

大家普遍认为自闭症患者对待他人是反社会的或冷漠的。其实这是错误的。他们完全有能力与朋友和家人建立联系。这种脱节的原因在于他们不会用一种被朋友和所爱的人容易理解的方式充分表达他们的情感。当别人误解了他们的交际意图时,他们会努力表达内心的想法和感受,但却常感到沮丧和焦虑。

自闭症儿童同正常同龄青少年相比的不

自闭症误识

"不良的教育导致自闭症。"

事实

如果父母教养不当导致自闭症,那为什么在有两个孩子的家庭中,会出现一个是自闭症而另一个却不是的情况?

寻常的兴趣会使友谊建立变得复杂。沟通主题通常是自闭症儿童自己选择的，且他们对倾听者的兴趣水平知之甚少。他们往往会忽略非语言的暗示，并很难了解别人是否赞同自己的想法、感受和观点。如果对方与自闭症学生没有共同的兴趣，那么在寻找共同基础以建立友谊方面，他们几乎没办法妥协。当他们试图加入交流时，他们会忽略这个问题，同时提出一些无关紧要的、不相干的问题，或者离题到一个不相关的话题，再或者把焦点转移到他们不同寻常的兴趣上，且没有任何相关的衔接。这种个体特征被称为"不熟练的社会积极性"（Myles，2005）。

社交技能训练并不总是能提高社交意识。学生的社交技巧训练可能非常成功，他们可以通过选择图片卡上的面部表情，或者在孤立的社交场合中练习适当反应。即使有这种临床实践，自闭症学生仍很难将这些技能泛化到真实谈话中。人类表达的范围过于细微和复杂，无法量化成简单的类别，以有意义的方式进行检索和使用，以便适应每天自主发生的数百种社会情况。如果进行角色扮演会话，就必须和正常发展的同伴一起在环境中嵌入重复的实践以泛化技能。

许多患有自闭谱系障碍的学生似乎缺乏常识，往往会在现实生活中错误地应用社会规则。自闭症学生对社会规则的应用经常局限于对字面意义的理解。对于自闭谱系障碍的学生来说，向同学们问好，并询问他/她的名字是很正常的。问题是，这种问候看起来是事先演练过的，是不自然的。例如，当山姆接近某人说话时，他伸出手臂测量距离，然后来回调整自己，直到确定距离规则被正确应用为止。他的问候像机器人一样僵硬。这样很难与他人建立联系，反而传达了一个讯息："这个人很奇怪！"

> 例：安妮所接受的训练是进入房间后要先跟人打招呼。于是，她每天一走进教室，就会向所有同学（28名）按名字一一问候说："早上好！"显然，她对"迎接走进房间的人"或"见到他人要打招呼"语句的理解是表面的，她的问候行为引起了同学的极大不满。在听到"早上好苏珊，早上好劳伦斯，早上好杰伊，早上好克里斯，早上好科瑞，早上好史蒂芬，早上好艾娜，"后，同学们就对安妮说，"不要再打招呼了！"

尽管自闭症学生缺乏社交意识，但他们中的许多人会痛苦地意识到，自己与同龄人的不同。当这些学生进入中学，自尊受到挑战时，这种意识就会加剧深化。如果缺乏了解自闭症特征的支持，这些学生的情况会不断恶化，可能会出现焦虑、情绪爆发、退缩与抑郁。

将社交技能训练嵌入自然的、适合年龄的环境中，并使自闭症学生在普通同伴角色模型的支持下进行学习，这种方式与训练效果得到了研究文献的支持。将适合该年龄学生的沟通教学技能训练，自然地嵌入到普通的课堂中，会收到很好的成效。当自闭症学生们与正常发展的同龄人进行重复和长期的互动时，我们看到了"自闭症"行为的显著减少。我们将在后面的章节中深入讨论这些干预策略。

先天因素

与正常发展的学生相比，自闭症儿童有四倍的可能性被成年人、同伴和兄弟姐妹欺负，并且有两倍的可能性遭受虐待（Little，2002）。具有表达性沟通挑战的学生可能缺乏将受虐情况传达给成年人的能力与途径。

有些自闭症青少年穿着的服饰更适合年幼的学生，他们不像发展正常的青少年那样对脸书（Facebook）和推特（Twitter）感兴趣，而仍然专注于他们与众不同的兴趣，这使得他们与同龄人的交流变得很有挑战性。

许多自闭症学生动作协调性差，这往往会使他们远离学校运动。然而，运动通常是奠定个体地位和发展友谊的重要领域。此外，一个14岁的自闭症青少年可能具有发育完全的男性或女性的身体，但缺乏对调情和非语言性暗示的理解，缺乏交流时与异性在空间距离保持的恰当性理解等，这大大影响了其与异性同学的交流与交往。显然，在这些方面，他们需要大量的教育、指导和支持。下面列举一件发生在我们学校组织的一次活动中的事例：

> 一次，我们组织自闭症学生及他们的正常同伴到火车博物馆进行实地考察，我们选择乘轻轨去。这次实地考察队伍由4名成人和12名学生组成，大家上轻轨后，自行选择座位。随着

轻轨欢快地向前行驶,孩子们都期待着在博物馆里愉快地度过这美好的一天。在沿途站点的某一站,一位50多岁、衣衫褴褛的男性上了车。他看起来很脏,且身上飘出难闻的味道。令我惊讶的是,他和我的一位女学生同坐在一个长椅上。而我的这位女学生叫梅利莎,她14岁,是一位被诊断患有自闭症的漂亮女孩。幸运的是,正好我就坐在梅利莎前面的座位上。当这位衣衫褴褛的男性一坐下后,梅丽莎便转身对他说:"嗨,我是梅利莎!你想要一个吻吗?"还未等到这位男性回答,我急忙悄悄地把梅丽莎带到另一个座位上,然后和这位男性闲聊了几句。

行为与情绪

自闭症学生在情绪与行为上遇到的挑战,很大程度上与他们对社会和环境因素的感知超出他们的理解和控制有关。他们说,"我不能理解不可预知的事情发生"。他们想要与同伴互动而不知道如何互动;试图跟随老师的指令,但不理解老师说了什么;听到周围人笑,却并不懂这个玩笑——这些都是患有自闭症的学生每天都要面临的压力(Myles & Southwick, 2005)。

挑战行为的发生有很多原因。尽管了解挑战行为背后的原因并不容易,但有一点是可以肯定的:即挑战性的行为意味着学生的生活中缺少了一些重要的东西,如某些重要技能。如,上课时,吉姆说出了一些类似于昨晚他听到的父母争吵时的话。他看上去很受伤。当老师拿出一张工作表让吉姆完成时,他激动地把纸推到一边。

吉姆对他桌上一张数学工作表的反应是生气,这种行为反应到底是数学所引发的,还是其他东西所引起的?

图1.2 强调积极方面

挑战行为表达的可能是对外在刺激的不喜欢，这些刺激包括需要完成的任务、所处环境的背景、人、感官刺激、令人迷惑的或混杂的社交信号、日常生活中的变化、家庭中的问题以及其他外部和内部刺激的一种反应。孩子可能有潜在的心理健康问题（如抑郁症、焦虑症等）。患有自闭症的学生更容易产生焦虑情绪。若要理解其行为背后的原因，则需要与学生建立关系。

对于患有自闭症的青少年来说，中学可能会带来很大的压力。与小学相比，该阶段就读的学校规模更大、教师及父母的期望值更高。随着社会期望增加，同伴关系也变得更加复杂（Mullins & Irvin, 2000）。学生所身处的是一个更大、更多样化的学生群体，他们的一致性和社会能力都倍受压力。除了这些要求，学生还必须处理与青春期相关的生理变化的困难。缺乏应付这些需求所需技能的学生常常在适应、成就和自我价值感方面遇到很大问题（Shoffner & Williamson, 2000）。

天宝·葛兰汀说："在青春期，恐惧成了我的主要情感。当荷尔蒙袭来的时候，我的生活被恐惧所围绕，我需要不断努力克服这种恐惧诱发的恐慌症状；而来自其他孩子的嘲笑，也令我非常痛苦，我往往会采取愤怒的方式回应。慢慢地，我终于学会了控制自己的脾气。但是这种嘲笑仍然存在，我也会以哭的方式来应对。而那种带有威胁的戏弄，着实让我害怕，我甚至不敢穿过停车场，我怕有人会喊叫我的名字。"（Grandin, 1995, p.88）

青春期会使个体面对巨大的压力。患有自闭症的学生可能被排斥、戏弄和欺凌，这可能导致冲突和情绪的爆发。他们在缺乏结构的环境中特别容易受到伤害，与同龄人的误解会导致他们被拒绝甚至被社会孤立。抑郁、焦虑和侵略经常伴随他们（Barnhill, 2001；Bauer, 1999）。

天宝·葛兰汀博士在青春期所经历的焦虑，迫使她离开，以避免痛苦的经历。许多自闭症学生也会有这样的痛苦，因为他们理解环境和他人行为的能力有限，他们会通过退回到一个保护壳中，来缓解他们的无助感，以及这种无助感造成的极度焦虑（Bellini, 2006）。

其他学生可能会对令人困惑的社会信号进行猛烈反击。研究表明，自闭症学生经常曲解别人的行为，而认为这些行为都是具有攻击性的。

例：自闭症学生迪恩正在排队吃午饭。突然，队伍向前冲去，使迪恩后面的学生挤到迪恩的背上。迪恩立马抓起他的午餐桶，将午餐桶翻过来，用力打在他身后男孩的头上。这是因为，迪恩把那个男孩的行为误认为是攻击行为。实际上，小男孩随着向前冲去的人流不知不觉地进入了迪恩的空间。迪恩用他更加激动的情绪行为表达不满，而不是用语言表述，比如"嗨、回去、快点"，或者调整自己往前移动。他无法用言语表达自己的不适，加上他敏感的触觉，这才引发了他攻击同伴的行为。

当学生的日常活动中断时，他们的情绪会增加。学校集会、消防演习和不熟悉的人都会引起情绪爆发。为避免生气，学校应为学生提前准备无障碍设施。此外，被不认识和不知情的同伴欺负和戏弄会引起相当大的不安，也往往会导致情绪爆发。

例：这使我想起一件事，曾有一个孩子处于危险中。14岁的布列塔尼是一个被诊断为自闭症和双向情感障碍的八年级的女孩，在抑郁期特别容易受到批评。当她坐在自助餐厅吃午饭时，一个男孩说她胖。这种侮辱超过她能接受的范围。她尖叫着说："让我一个人待着！"然后将一杯酸奶扔在了地板上。当我们介入后，布列塔尼哭了，说不出话来。她房间地板上覆盖着一层酸奶。我们试图安慰她。在后来的日子里，我们安排了布列塔尼和取笑他的学生进行交流。她向男孩表达道：他的取笑使自己心烦意乱，男孩向她道歉。这次干预也让男孩知道布列塔尼其实是一个有感情的人。据我们了解，后来男孩在危机时刻曾帮助了她。

上述挑战行为是否会出现在所有环境和情况中呢？它们是否在意料之外的特定的环境、常规、人和环境挑战中有独特变化呢？被戏弄、被欺负、被迫服从以及大声喧哗和拥挤的房间都是在特定环境下发生的情况。它们影响学生的行为和情绪。我们所有人的行为都会因为我们所在的时间、地点和情况而有所不同。我们的行为受到某些人出现或不出现的影响。

首先需要考虑的是，受到同学打击是导致自闭症学生情感出现意外的因素。当面对学生不能解决的困难或痛苦的情况时,我们需要给予他们帮助。请仔细想清楚情绪爆发的所有潜在原因。你考虑的每一个理由都有可能是解决挑战行为和情感爆发的关键,并改变事件的结果。

认知与学习

自闭症学生的认知能力有时很难测量,也经常被误解。例如,人们普遍认为所有被诊断患有自闭症的人在特定的知识或能力领域拥有非凡的技能或才能。"自闭症学者"就是一个用来指与这一特性相匹配的个体的标签。虽然许多被诊断患有自闭症的人都有特殊的兴趣和才能。但是,只有不足10%的自闭症被认为是天才。事实上,自闭症学生的学习能力有很大的差异——从天才到智力障碍。

图1.3 通过分享经验建立联系

精确测量自闭症学生的智力极为困难,因为自闭症的症状会影响评估过程(Edelson, 2005)。一般而言,对认知能力的有效测量往往要求学生表现其动机、社会交往、交流和服从/合作的行为,被测试的青少年往往需要与测试者互动和合作,尽管他们彼此并不认识。然而,据我们所知,这对于自闭症学生来说是极其困难的一件事。自闭症学生对新奇事物非常敏感,这就使得每当有陌生人出现的时候,他们就感觉非常不自在。他们也表现出遵循严格的程序,缺乏灵活变化,并有重复和刻板的行为模式、不寻常的兴趣和活动,而且经常表现出与测试者常规测试要求不一样的状况。他们只要表现出一些坚决的拒绝、完全不相关的回答,或者在房间里扔出一个测试小册子,便会让测试者紧张地写下"无法测试"的结果。

如果你用爬树的能力来评判一条鱼,它这辈子都会觉得自己是条蠢鱼。

——阿尔伯特·爱因斯坦

如果你在检查学生的学校成绩时遇到了低智商分数或过度的负面报告,请记住这些信息,并弱化它们的重要性。鼓励他人也跳出这样的负性信息的输入看待学生。侧重于不足而不是能力的记录,可能不是客观的或准确的。如果你与学生合作的时间够长,他们迟早会显示出天赋和才能,智商测试的有效性和基于不足的观点会受到挑战。你要寻找和分享学生的能力,发扬他们的天赋和长处。

要记住:确保智商和其他智力、能力的标准测量不会限制学生的机会。正如前面所提到的,标准化的评估实践遵循严格的测试规定,这可能不利于一些有特殊需求学生,特别是自闭症学生。人类智能的真正潜力难以测量。强调结果的同时应努力提供机会,发展学生其他方面的能力。这样一来,就能更准确地反映他们的潜能。

患有自闭谱系障碍的学生的学习能力和需求有很大的不同,就像正常同龄普通学生一样。自闭症学生学习时的一些常见挑战行为包括但不限于以下几项:(1)精细运动控制存在困难,研究发现他们中很多人有书写困难;(2)难以理解抽象的概念;(3)注意力的保持存在困难;(4)对冗长口头提示的理解困难。解决这些学习的挑战没有一种单一的方法,同时没有任何一种单一方法对所有自闭症学生都是有效的。此外,学生的需要会随着时间的推移而变化,这使得教师必须以灵活的方法对待他们。

融合教育的支持者反对基于"准备"模式的安置决定观念,即基于学业技能,学生有到普通学校课堂中学习的权利。正如你将在后面章节中学习到的:为了满足学生独特的学习需求,教师可以修改与调整学习的主题内容和学习时间安排。学习上的挑战可以通过课堂教师与学生家庭、特殊教育教师、支持人员和学生同伴的共同合作予以解决。

感觉特征

感觉统合是指我们通过触觉、运动觉、嗅觉、味觉、视觉和听觉接受信息,随后以有意义的方式组合、组织和解释信息的自然能力。对大多数人来说,这个过程是自动的。我们可以在拥挤嘈杂的房间里有选择地倾听一个人的声音,因为我们的大脑会自动过滤掉周围的声音。我们从音乐的感官输入、按摩、闻到鲜花的香气和观赏美丽的景色等中获得乐趣。自闭症学生常对自己的感觉产生不同寻常的反应。他们可能很难"调节"(适应)传入的声音、气味、光线和触觉。有些学生需要努力过滤不必要的刺激,以集中精力处理当前任务。自闭症学生可能无法忍受一个或多个感官刺激,并会因外来刺激带来的干扰而变得焦躁不安。

与自闭症学生的其他挑战一样,感官问题也是高度个别化的。有些学生挣扎着过滤叶片、鼓风机的声音,但光线感官方面没有问题。一个学生烦恼的事可能不会影响另一个学生。

许多自闭症学生和正常学生一样,会发现下列声音很恼人:汽车报警器、响亮的对讲机与消逝的钟声等。然而,某些学生可能会对我们觉得悦耳的声音产生消极的反应。天宝·葛兰汀说道:"我的听觉就像有一个最大音量的声音放大器,我的耳朵就像一个麦克风,拿起和放大声音。"

一些自闭症学生所面临的挑战则与之相反。他们对传入的感官输入反应灵敏,对寻求更多刺激的欲望近乎永无止境。他们可以通过挤压和挤压手指间的沙子,在大拇指和食指之间摩擦一个小物体,从挤压中寻找压力,在蹦床上弹跳或听音乐以寻求持续的刺激。这些感官寻求者有时对疼痛或太热或太冷的物体有很高的耐受力。他们可能需要高强度的输入来放松和集中注意力。

重复动作

自闭症学生经常做出重复动作,重复动作可以帮助学生调节传入的感觉刺激。这种行为可能包括拍手、物体旋转和摇摆。天宝·葛兰汀(1995)描述了重复的摇摆和旋转如何帮助阻止外界势不可挡的噪音:"摇摆使我感到平静,就像服用了上瘾的毒品。我做得越多我就越想做。

我妈妈和我的老师会阻止我,这样我才可以和世界其他地方联系。我喜欢旋转,但很少头晕;当我停止旋转时,我享受着观看房间旋转的感觉(第45页)。"

重复动作能帮助学生应付压力、疲劳和感觉超负荷。当感官被争先恐后传来的刺激所淹没,无法过滤时,学生可能会用重复的动作来集中注意力。比如,有力地握手可以使人远离那些无法进行分类的感觉。自闭症学生可能会不自觉地在想:"我不能处理所有这些噪音和光线,所以我就在椅子上摇晃。"重复运动和感觉寻求行为的其他例子包括:

- 视觉:盯着灯光、眨眼睛、盯着手指、盯着物体。
- 听觉:哼、喃喃低声或制造噪音。
- 气味:嗅有气味的物体、嗅食物。
- 口感:舔物体、把东西放在嘴里。
- 触觉:抓挠、拍手、触摸物体、扭曲头发、踮脚走、摩擦身体的部分。
- 前庭:摆动腿或手指、拍打、摇摆、旋转、跳跃。
- 本体:重复踱步、撞击人或物体。

事实是,大多数人在感受到压力或兴奋时都会有重复性行为。普通的一天中,我们会注意到人们弹手指、摆弄头发、有节奏地嚼口香糖。当对过量的运动的指责给学生蒙上污名并干扰学习时,这就成了一个问题。一位患有阿斯伯格综合征的女性法利亚·霍利迪·威利,曾这样描述她的行为如何与她的同龄人类似:"我注意到,每个人都有一些奇怪的小习惯,他们在危急关头和心不在焉时会表现出来。我注意到他们咬指甲、咬嘴唇、咀嚼头发以及出现微小的肌肉抽搐。我听到朋友们在哼唱,吮吸他们的牙齿,轻拍他们的脚。我知道人们为了安抚自己或占用自己的时间在遵循各种各样的规则,但我认为我最喜欢的习惯是独一无二的,至少在我的朋友中是这样。"

当学生表现出这些行为时,教师应该做些什么?如果可能的话,不要让学生一个人待着。允许他或她通过上述行为之一调节感官刺激。如果这种行为会分散学生或其他人的注意力,干扰学习,甚至造成自我伤害,比如学生拉头发或反复摩擦皮肤的时候,你应该向家长、特殊教育教师或治疗专家表达你的担忧。

职业治疗师专注于帮助自闭症学生解决感官输入方面的挑战。职业治疗师会让学生参与锻炼和活动,在提高成绩的同时减少他们的重复动作。定期进行感官活动,有助于学生集中注意力、提高警觉性和组织能力。有时职业治疗师会开发一种"感官饮食"——为满足学生特殊感官需要而设计的一系列活动。

对一些学生来说,身体内部的压力可以促进身体的放松。弹性紧身衣、包裹学生的躯干和腹部之类的东西,可以减轻工作压力。靠在肩膀和脖子上的有重量的管环也有一定帮助。耳机对于厌恶听觉刺激的学生来说是十分具有安慰效果的。简单地关掉荧光灯或使用白炽灯可以安慰那些对荧光灯非常敏感的学生。

尽管被诊断患有阿斯伯格综合征的学生与被诊断患有典型自闭症的学生有相似的感觉问题,但患有阿斯伯格综合征的学生在感觉超负荷时,更容易产生情绪反应。要记住的重点是:时刻注意学生的环境压力,努力避免这些压力源,或者至少设法降低它们对学生的影响。

运动能力

自闭症患儿常有粗大和精细的运动障碍。幼儿运动能力可能存在发展延迟。更常见的是,这种延迟涉及儿童发展后更复杂的运动技能,比如骑自行车、接球和使用小工具。

自闭症学生有时表现出不对称或不平衡的步态,较差的操纵能力,以及较差的视觉运动协调能力。他们最常遇到的挑战包括握铅笔、扣纽扣、紧握、拍照、拉拉链、绑鞋带。对于患有

图 1.4 通过展示才华弱化差异

自闭症的学生来说,竞技体育是具有挑战性的。但由于学生的身体协调方面存在挑战,竞技体育在提高学生能力方面的作用不可或缺。因此,我们鼓励教练和体育教师弱化竞争或至少用脑力激荡的方式使学生成

功地参与到游戏中。

干预可以帮助有粗大和精细运动挑战的学生参与活动。干预方案可能包括有针对性的体育锻炼和适应设备，以改善学生的粗大和精细的运动功能。

小结

自闭谱系障碍学生面临的挑战和具有的能力是多种多样的。自闭症是一种复杂的神经系统紊乱疾病，伴随一系列行为，一般分为三大领域：社交、言语和非语言交流，以及限制性的兴趣或行为模式。所有类型的自闭症学生都很难理解他人的想法并与他人建立关系；他们总是在艰难地理解着非言语或口头交流形式中的微妙之处。总之，他们很难交到朋友。如果没有某种形式的干预，他们就会被误解和孤立。

自闭症是一种起病于 3 岁前，并持续到成年的发育障碍。迄今为止还没有明确的治疗方法。医学界和学术界对自闭症的病因的看法仍存在分歧，然而，有大量证据表明自闭症是在遗传基础上、由环境作为触发机制进而发生的，但引发自闭症的确切环境因素至今尚未被发现。在过去的 20 年里，自闭症的发病率大幅度增加，在医疗界和公众中引起了恐慌。目前，自闭症的发病率约为每 110 个婴儿中 1 个。粗略地估计，今天有多达 150 万美国人被认为患有某种形式的自闭症，而且这个数字还在上升。这种增加趋势可能是由于诊断方法的改进。医疗界认识的提高部分导致了确诊病例的数量的增加。

自闭症在学校学习获得成功的最关键因素是沟通的支持、学业和环境的调整、同伴支持和积极的行为支持。在融合背景下，教师通过与学生的家庭合作，给予学生了解自闭谱系障碍特征的支持是提高融合教育成效的关键。

资源链接

自闭症资源中心（Autism Information Center）

http://www.cdc.gov/ncbddd/autism/

自闭症研究协会(Autism Research Institute)

http://www.autism.com/index.asp

自闭症协会(Autism Society)

http://www.autism-society.org

疾病控制和预防中心(Centers for Disease Control and Prevention)

http://www.cdc.gov/ncbddd/autism/index.html

延伸阅读

Grandin, T. (1995). Thinking in pictures: And other reports from my life with autism. New York, NY: Vintage Press.

Grandin, T., & Barron, S. (2005). Unwritten rules of social relationships: Decoding social mysteries through the unique perspectives of autism. Arlington, TX: Future Horizons.

Offit, P. (2008). Autism's false prophets: Bad science, risky medicine, and the search for a cure. New York. NY: Columbia University Press.

Simpson, R. L. (2005). Autism spectrum disorders: Interventions and treatments for children and youth. Thousand Oaks, CA: Corwin.

Myles, B. S. (2005). Children and youth with Asperger's syndrome: Strategies for success in inclusive settings. Thousand Oaks, CA: Corwin.

第二章
认识融合教育

在一个十分理性的社会里,最优秀的人将成为教师,其他人将承担其他责任。

——李·艾柯卡(1989)

首先,融合教育是一种经过多年研究而证实的态度和价值观。无论何种残疾标签,我们都应该尽力使学生融入学校生活的各个方面;其次,融合教育是一种教育实践,通过以研究为基础的方法和技术,往往可以为学生提供不受普通教育限制的经验,包括丰富的、基于标准的内容和有意义的参与。在融合教育背景下,我们应该坚信所有学生在获得适当支持和教学的条件下,都具备学习能力。融合教育将归属与友谊视为青少年发展过程中不可缺少的成分。另外,融合教育要求普通教育与特殊教育实现全面融合(Hines & Johnston, 1996)。

融合教育不是回归主流。回归主流一直被认为是学生在普通班级获得归属感的基础,然而,学生被完全接纳只是实现归属的第一步。我们应该在普通班级内为学生提供所需要的服务和支持。随着社会的发展,普通教室中的支持服务体系越来越完善,导致资源教室闲置。"融合"要求教师能够超越"回归主流"审视问题,并采用以学生为中心的支持策略,从而满足学生的个人需要(Robertson & Valentine, 1998)。

研究表明,已经完全融入普通教育环境(包括自闭症在内)的残疾学生,他们:

- 表现出更高的社会参与和互动水平;

- 能获得更高水平的社会支持；
- 拥有更大的朋友圈；

另外，与隔离安置中的同龄人相比，他们拥有更加完善的个别化教育计划目标。(Fryxell & Kennedy, 1995; Harrower & Dunlap, 2001; Hunt, Farron-Davis, Beckstead, Curtis, & Goetz, 1994; Lewis, 1994)。

在与特殊教育的同事以及支持人员一起接纳自闭症学生的过程中，你会发现这些学生与健全的同龄人之间有着相似的才能和兴趣爱好。人们会开始意识到：所有学生都具有才能。当自闭症学生被安置在一个能够获得适当支持且受欢迎的环境中时，许多学生都会积极地参与学习。"所有学生都具有才能"这一理念，提高了人们对自闭症学生的期望值以及接受度，使得健全学生能够积极地对待患有自闭症或其他残疾的同龄人(Copeland 等，2004)。只有这样，同伴之间才能形成真正的友谊。研究表明，普通教育的教师、管理者以及支持人员已经逐渐意识到融合教育对整个学校的重大意义(Carter & Hughes, 2006)。当健全学生与残疾学生一起接受教育时，他们更能够理解并接受个体之间的差异(McGregor, 1993; Staub & Peck, 1994 – 1995)。

作为一名自闭症学生的教师，理解融合教育的意义显得非常重要。毕竟，接纳有多种支持需求的学生不是一件容易的事情。教师需要经历许多挑战，努力解决教育实践中可能遇到的问题。易或难，取决于教师对融合教育原则的理解与遵守程度。正是这些原则，促使我们帮助残疾学生实现有意义的参与和友谊的建立。

简史

与其他领域的社会斗争相比，教育中的社会斗争一点也不少，因为教育改革诞生于人权的斗争。伴随着其他因素，民权运动推动着美国的教育政策的改革。最终，1954 年废除学校种族隔离的《布朗诉教育委员会案》成为宪法原则的里程碑。主判官厄尔·沃伦作为代表发言时说道："如今，如果一个孩子被剥夺了接受教育的机会，还希望他在生活中获得成功,这是值得怀疑的。国家承诺提供的受教育机会,它是所有人平等享有的权利。"

《布朗诉教育委员会案》推翻了先前"为黑人和白人学生保留种族隔离的公立学校"这一判决。法庭宣布:"隔离教育学校在本质上就是不公平的。"种族隔离制度违反了美国第十四修正法案中平等保护这一条款。

> **自闭症误识**
> "自闭症儿童不会表达情感。"
>
> **事实**
> 自闭症儿童的情感表达程度存在个体差异。一些儿童能够表达丰富的情感,而另一些儿童则不能。

虽然这项里程碑式的民权判决已经下达,但是残疾学生仍在公立学校、隔离学校或隔离教室里接受教育。之后的研究表明,隔离安置的方式阻碍着学生情感及社会性的发展,增加了重大挑战持续到成年的可能性(Cole & Meyer, 1991)。

数据反映着问题的严重性:接受隔离教育的学生的辍学率是健全同龄人的两倍(Blackorby & Wagner, 1996)。许多接受隔离教育的毕业生正努力适应社会,然而却经常失业、缺乏良好的社会关系,有的甚至不能独立地生活(Affleck, Edgar, Levine, & Kortering, 1990; DeSteFano & Wagner, 1991)。他们难以为社会作出贡献,一直依赖联邦、州以及当地的财政支持维持生活(Bellamy, Rhodes, Bourbeau, & Mank, 1986)。

一直令人失望的结果引发了人们对隔离安置方式的有效性、特殊教育重组的必要性的争论。教育专家、家长以及残疾人的拥护者也可以将残疾人的担忧诉诸法庭。

在1986年发表的一篇文章中,美国教育部特殊教育和康复服务中心的助理秘书玛德琳·威尔说道,将安置在与同龄人或者普通学校活动隔离的特殊机构的学生污名化,会使教师对这部分学生的学业和社交期望降低……这将导致学生表现差、学习效率低(Will, 1986)。

对隔离式安置方式的四个集中性批判

1. 隔离式安置创建的双重系统(普通和特殊教育)使得教师形成双重的期望水平。教师对残疾本身存在刻板印象,即特殊教育体系中的学生遭受着排斥。他们经常被认为是无能、不聪明和有缺陷的。这些看法降低了教师对教育实践的期望,进而限制着学生的发展空间。

2. 没有受过技能培训却需要适应学生各种学习方式的普通教师,他们更愿意将学生送到特殊学校中(而不是在普通教室里)。这种做法被称为"过度区分"。

3. 被安置在特殊教育环境中的学生通常会受到同龄人和学校的歧视,这种社会污名化伤害着学生的自尊,影响着他们的学习。

4. 通过残疾与非残疾的标准划分学生群体,两个群体互不接触,会造成群体之间长久的忽视与漠然。不同的学校体验使群体将来更加容易对差异性个体产生歧视(Sands,Kozleski,& French,2000)。

美国《残疾人教育法》简介

美国《残疾人教育法》是联邦法律,它规定各州和公立机构如何向0—22岁的儿童、青少年和成年人提供早期干预、特殊教育以及其他相关的服务。

除了确立免费且适当的教育和最少受限制的环境的重要性规定之外,美国《残疾人教育法》还提供了正当程序保护。

免费且适当的公立教育(FAPE)

美国《残疾人教育法》规定,"免费"意味着在不向家庭收费的公立学校的指示和监督下,使用公费为学生提供特殊教育和相关服务。"适当"意味着向学生提供能够满足个别需要的教育服务。

最少受限制的环境(LRE)

美国《残疾人教育法》要求公立学校为残疾学生提供一种尽可能"最少受限制"的教育。"最少受限制"强调在尽可能自然和完整的环境中教育学生的重要性,这种环境通常是指残疾学生与健全的同龄人一起学习丰富且标准化的课程内容的普通班级。

个别化教育计划

个别化教育计划是一种针对学校如何满足个别学生的特殊教育需要的教育计划。该计划的内容主要是描述学生如何学习和最好地展示知识,教师如何帮助学生更有效地学习。此外,它也是学生家长和学校之间的书面合同,里面包括可测量的年度目标、特殊教育及相关服务、需要的支持。

对学生与家长权利的保护

在美国《残疾人教育法》中,残疾学生及其家长权利受到以下保护:

- 向孩子提供特殊教育服务,并告知家长适合选择的公立或私立学校;
- 当学校想评估儿童、启动或中止服务、更改残疾类型或特殊教育安置方式时,可以优先获得书面通知(书面通知所用语言选择家长母语);
- 参与个别化教育计划的制定并参加所有会议;
- 查看所有教育记录并无偿获得副本;
- 获得一份关于孩子的个人教育评估;
- 如果因学生的安置问题与学校之间产生争议,该生可以继续待在现在的学校或环境中,直到问题被解决;
- 提交一份与免费且适当的教育相关的诉讼,并且能够获得一位代理律师、拥护者或学生代表。这条法律包括多种解决争议的方法。

家长对子女的教育问题有一种强烈的是非观。受过去教育制度的消极影响,一些家长不信任学校工作人员。他们对负面评价比较敏感,而且在子女是否被公平对待的问题上比较警惕。教师应在避免误解和冲突的同时,征询家长的意见并尊重他们的疑虑。另外,教师应以能力导向的表述强调学生的优点,以积极的态度表现自己的真诚。无论家长如何表达疑虑,拥护者应始终代表学生的最大利益。

保密

处理与公开学生及其家人的保密信息是一件很重要的事情。在每个学年里,教师都需要了解学生及其家人的各种敏感信息,如测试分数、行为、参与度、家庭问题、生活条件以及家长的就业状况。教师将在保密会议和讨论中获得这些敏感信息。此外,教师必须按照法律要求进行保密,如有特殊情况,必须在征得学生及其家人同意后方能公开信息。

保密指南

- 当不知道信息是否需要保密时,你可以这么说:"我不确定,能否像那样和你交谈?"然后,你可以向负责管理学生个别化教育计划的特殊教育教师表达你的疑虑。
- 从不在公共场合谈论学生。学生天生就充满好奇心,所以很容易在无意间听到老师之间的谈话。如果你想立即表达你的疑虑,那么你可以使用相互之间能理解的字母或首字母与需要了解的团队成员进行交流。在这种情况下,你将为其他专业人员提供一个参考点,以供他们将来私下讨论。
- 当你必须分享信息时,通知其他有需要的团队成员,安排时间和地点见面对问题进行讨论。
- 不要忘记在整理个人记录、观察表、评估报告、笔记和清单等时观察四周的人。当获取、查看与学生有关的数据时,应避免泄露学生姓名和其他敏感信息,应将信息置于一个学生看不到的地方。
- 不要和家长讨论同班同学的保密信息。

你必须对保密信息保持敏感,因为这是你的责任。无论谈话有多亲切,你都是一名受保密法律约束的学校工作人员。即使你离开学校的停车场,保密规则也不会失效;离开学校后,你仍要记住自己必须履行的道德和法律责任。

团队工作与协作

融合教育的前提是"没有一个教师能够或应该被期望掌握满足课堂上所有学生教育需求的所有专业知识"(Lipsky,1994,P.5)。不确定性是教学固有的属性。我们虽然很难保证结果与设想的一样,但却能通过团队合作、与负责学生发展的同事和家长的合作降低判断错误发生的可能性。

团队工作是指以合作的、有目的的方式共同工作,探究支持学生有效学习策略的过程。当团队成员在一个相互尊重和合作的氛围中分享专业知识时,就会产生合作。其中,沟通是主要与直接的方式。一个优秀的团队需要拥有共同的目标、良好的沟通、角色的分配以及清晰的指导(Picket, Gerlach, Morgan, Likins, & Wallace, 2007)。当教师们一起做规划时,他们会从每个人的独特技能与专业知识中受益(Friend & Cook, 1998)。

普通教育教师对标准化的内容和课程有着比较深刻的理解;特殊教育教师擅长调整和改编适合不同风格学生学习的教学内容(Thousand, Villa, & Nevin, 2002)。由于普通教育教师平时和许多学生待在一起,所以可以运用自己的管理和组织策略来处理特殊教育教师提出的个别化教学方法。

在为实现共同目标而一起工作时,我们需要跳出思维的枷锁。主动探索改变现状的非传统策略,意识到全面的、以人为中心的计划的重要

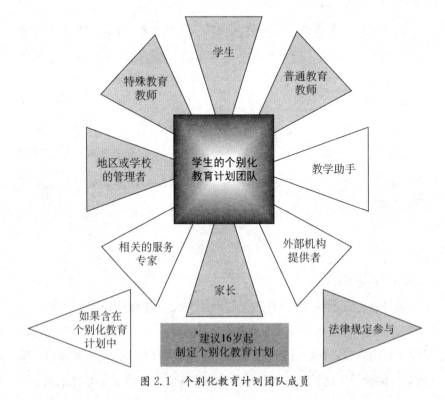

图 2.1 个别化教育计划团队成员

性。只有这样做,才能从学生的角度思考:什么对他/她起作用,为什么?什么对他/她不起作用?学校又能给他/她带来什么感受?考虑学生所面临的困惑的原因,然后结合学生的个人需求找出有助于问题解决的方式。

高效团队的成员特点

普通教育教师是个别化教育计划团队中不可缺少的一员,负责执行学生的个别化计划。根据个别化教育计划里编写的服务类型,主要成员包括相关服务专家、外部机构的代表、学生拥护者以及教学助手。在存在争议的事件中,代理律师就会代表家庭或担任独立仲裁人。

在完成以学生为中心的计划的过程中,具备以下特点的团队是最有效的。有效的团队成员:

- 了解每个成员的角色与职责。他们通过合作推进残疾学生的教育与社会目标的实现,展示自己对团队工作的忠诚。
- 具备较强的沟通能力。他们工作积极,能与同事建立良好的关系。他们知道如何巧妙地解决他人疑虑,接受并尊重每个团队成员的专业知识和观点。
- 是学生行为与学业表现的敏锐观察者。他们知道如何向团队成员表达自己的看法,并乐于接受能够改善结果的建议。
- 灵活、具有分析思维能力、能想出多种解决问题的方案。
- 意识到对于残疾本质的错误认识带来的消极影响,对偏见和歧视很敏感,努力消除错误的刻板印象及随之而来的低期望值。

你的团队是否有效?

- 会议的安排时间是否与其他事情不冲突?
- 所有团队成员是否都能在必要时,按时参加会议?
- 所有团队成员是否都知道每个成员的角色和责任?
- 团队成员是否尊重其他成员的专业知识,愿意分享信息并寻求建议?
- 所有团队成员是否在分享观点和提供可能的解决方案时都感到

舒适?

- 所有团队成员是否都能在获得尊重的氛围中承认并解决冲突?
- 建设性的反馈是否已经被添加到议事日程中,以改善沟通、工作的进程以及决策的制定?
- 在团队成员之间,是否形成了一种友好的氛围?
- 团队中是否有一个推动者或领导者?

专业关系

这部分将介绍支持自闭症学生的各类专家。在学校里,你会多次遇到这些认真负责的专家。

图 2.2　积极的关系很重要

相关服务的专家会提出针对性的干预方式,以帮助残疾学生缓解压力。他们会在教室外或者在教室内为残疾学生提供服务。

在与这些专家一起工作时,请考虑以下建议:

- 尊重他们在学生教育过程中的辅助角色;
- 与他们或案例负责人讨论干预方式;
- 按照指示执行治疗性干预方案,观察并收集数据;
- 分享结果,提出问题,与他们以及特殊教育教师讨论存在的疑虑。

言语病理学家

言语病理学家(有时候也叫言语治疗师),主要负责评价、诊断、治疗、纠正与言语、语言、沟通、发音以及语言表达流畅性相关的问题。他们的工作对象是那些发音困难和表达不清晰的学生。他们会帮助自闭症学生和其他沟通障碍者改善日常语言表达和社会交往能力。

职业治疗师

职业治疗师主要通过针对性的治疗和具有发展、改善和维持基本的精细运动功能及动作计划能力的设备,帮助学生改善在学校、家庭和社会环境中的学业和身体状况。

物理治疗师

物理治疗师主要向躯体残疾的学生提供可以提高机体灵活性的服务,使其能够自由移动。

适应体育教师

适应体育教育是为满足粗大动作困难的学生个别化需求而进行的体育教育。它包括(1)根据个别化教育计划目标,对个体进行评估与体育教学;(2)对普通教育的体育课程作出适当修改后进行教学;(3)为每个躯体缺陷学生设计个别化教学方案。并不是每一个接受特殊教育的学生都需要接受适应体育教育。这些服务应最大限度地为学生提供接近普通体育课的体育教育。

学校心理学家

学校心理学家会帮助教师、家长及学生认识、预防并解决心理、行为、情绪和影响学业表现的问题。他们负责组织并解释标准化测试,以确定个体是否具有获得特殊教育服务的资格;设计、执行和评估积极的行为支持计划;为学生、家长及其家庭提供个人和群体咨询服务;在向教师和其他教育专家提出建议、策略和培训过程中,他们也是个别化教育计划的团队成员。

学校护士

学校护士主要负责为残疾学生和健全学生提供适合的健康评估、计划、干预、评价、管理和转衔服务。

他们会对学生进行筛查,以了解学生的各种健康状况,如脊柱侧凸、视力和听力障碍,以及不良的卫生状况。随后,将筛查结果告知家长以及学校工作人员。在促进学生和教职工达到最佳健康状态的过程中,学校护士会努力消除阻碍健康的因素。同时,他们还负责制定和监控学生的个别化健康计划。

特殊教育教师

特殊教育教师可以根据学生的需要和学校课程的特点,发挥多项功能。经过培训后,他们在多个相互重叠的领域中将发挥广泛的支持功能。在融合教育模式中,他们可以教授特定的干预课程、开设学习中心或与普通教师协同教学。此外,他们还在个别化教育计划的制定和执行中承担主要责任。

班级教师在教学中占主导地位,特殊教育教师发挥着辅助与咨询的作用。在这个模式中,班级教师决定班级组织、纪律和普通教育课程的细节。特殊教育教师负责调整和修改课程,以满足课堂上学生的需要。在协同教学过程中,特殊教育教师主要负责教学、课程开发、改编以及学习材料的选择与使用。

教学助手

"教学助手"、"助教"、"专业人员的助手"以及"教师助手",仅是学校在提到为残疾学生提供支持服务的教学支持人员时使用的称号。当介绍成人支持人员时,我们会使用"教学助手"这一术语。

在班级和特殊教育教师的指导下,教学助手将为所有学生提供教学支持服务并担负其他责任。这些责任十分广泛,主要包括以下几个方面:

- 向个别学生以及班级里的少数学生提供教师教学和支持;
- 在普通教育的背景下,促进残疾学生的融合;

- 根据需要,对测试、任务以及班级活动作出相应的调整;
- 收集数据并记录有助于教师计划和修改方案的学生的行为表现,以帮助学习困难的学生;
- 全程监督学生,如课间、就餐时及课堂上。
- 完成教师安排的记录、文书工作和班级组织的需要。

教学助手在提高学生的学业表现、增进残疾学生之间的友谊方面发挥着重要作用。一位受过良好训练的教学助手可以成为值得信赖的合作伙伴。然而,研究表明,缺乏专业知识的教学助手可能会阻碍同龄人之间的正常沟通,使教师参与学生学习的机会减少,并破坏普通教室正常的班级活动和融合教育提供的学习机会(Giangreco & Broer, 2007)。

在给教学助手分配任务时,需要小心谨慎:不要过于依赖经验最不足的人,为最复杂的学生所提供的基本支持。全国各地学校都出现过因雇佣没有经过培训和缺乏经验的教学助手而受到批评的例子。虽然国会立法坚持优先招录拥有高级职称的工作人员,但是许多教学助手仍未获得足够的培训与监督(Giangreco & Broer, 2005; Giangreco, Smith, & Pinckney, 2006)。

粗心且缺乏专业知识的支持会导致意想不到的后果。为了帮助教学助手更好地履行在教室里应当承担的责任,教师可以在教育青少年自闭症的网站 www.corwin.com/adolescentautism 中查阅《教学助手融合支持指南》。

最后,为了能够支持教学助手的工作,教师可以参考以下指南:
- 认识到支持人员在日常教学中所作的贡献;
- 与特殊教育或融合教育教师合作,明确定义支持人员的角色与责任;
- 明确教师和教学助手之间角色责任的不同之处;
- 指导与监控支持人员每天的工作并要求他们定期提供反馈;
- 安排时间与支持人员会面,讨论班级和个人目标,共同制定实现课程目标的计划;
- 保证支持人员遵循学校的要求,以确保所有学生的健康、安全和幸福。

学生和家长

在抚养一个残疾儿童的过程中,家长们的反应各不相同。一些家长完全信任学校,并在决策过程中与个别化教育计划小组合作。还有一些家长不信任学校的权威,甚至抱以敌对态度。他们这样做,是出于各种合法但无根据的理由。无论家长对学校的反应如何,教师都要认识到家长对学生负有最终的责任,要尊重他们的意愿、意见、态度和愿望。

- 认真对待家长、学生以及其他人的疑虑,并在必要时征询他们意见。
- 当讨论到孩子的进步、问题以及教育计划时,保持积极的态度。
- 鼓励,向家长展示你对孩子的学习能力充满信心。
- 在晚上,注意药物对孩子注意力的影响。如果药物产生副作用,放宽心,灵活应对课程要求和家庭作业。
- 向家长寻求更多的信息,这些信息可以促进你有效地帮助学生取得最大成功。试着去理解那些可能并不明显的挑战:压力源、压力触发点或者减少压力的建议。在建立信任关系的过程中,了解学生的优势和兴趣爱好。
- 迅速回复电话和邮件(24小时之内);尊重学生和家长的个人隐私;以一种与学生年龄相符合的方式对待他们,而不是逾越学生身体和语言的界限。

图 2.3 理解友谊

定义个体的价值

每个人都是一个复杂体。我们有着各种兴趣爱好、技能、才能以及不同的背景,有着不同的生理特征和特殊的个性。在与他人交流时,我们希望真实的自己得到关注和理解,而不是表面价值(Van der Klift & Kunc, 1994)。

让我们用一组重要的概念来结束这一章节:"以人为本的语言"和残疾的本质。通过阅读这些指导原则,你将对标签下的个体有更深的了解。

以人为本的语言

语言的力量是强大的。我们用语言表达对"标签学生"的看法。一部分人认为自闭症患者有两种残疾:首先,准确的诊断;其次,把学生看成残疾人的局限观点。对自闭症的诊断并没有导致嘲笑、欺辱以及低级的对待。相反,是错误的态度和对他人的看法导致了虐待。

自闭症学生首先是一个人。在弱化标签的消极影响时,需要提高人们对"完人"的认识。学生可能有点自闭倾向,但他/她并不是自闭症患者。以人为本位的语言将"人"置于残疾标签之前,描述学生拥有什么长处,而不是描述"人"是什么。毕竟,自闭症个体首先是一个人(Snow, 2003)。

当提到残疾人时,人们不太接受"障碍"、"反应迟钝"之类的词汇。因为这些词会造成局限的认知,所以不能用"自闭症学生"之类的词语来区分学生。"自闭"容易带来不正确的判断,进而产生低期望,得出不准确的结论。这些描述词的使用,会使得教师忽略学生的优点和才能。

残疾并不意味着"问题"

如今关于残疾的讨论是建立在医学的基础上:发现存在的问题,提供治愈方案。这个范例以"问题"定义残疾人,以至于治疗和服务都是在试图"修复"一个人。残疾人没有被破坏,他们不需要被"修复"(Snow, 2003)。我们应该将残疾当作人类社会中的一部分,它是多样性的另一种形式,而不是多样性的其他形式。

"我不是有缺陷的，我是不同的……"

——利亚娜·霍利迪·维利

使用能够准确描述"完人"的词语，而不仅是残疾人的标签。例如，亚历克斯是一个16岁的男孩，他喜爱建筑，也喜欢和女孩玩耍，是鲍勃和罗伯塔的儿子。另外，他被诊断为自闭症。通过使用以人为本的语言，我们得以借助一个更加公正和准确的方式描述一个完整的人，并为他们创造更多的机会。同时，我们开始专注于可能性，而不是局限性。

小结

融合教育是一种信念。实质上，它是个体生活的权利。这种生活充满了社会关系、机会以及承诺，不再局限于残疾标签以及各种形式的偏见。融合教育最重要的目标是提供培养学生独立、生活自理能力的条件。在学生离开教育系统之后，学校活动和课堂经验将促进学生就业和参与休闲活动。

特殊教育是一项用于满足在公立、私立学校，或者一个社会、工作和自由的环境中的残疾儿童和青少年需要的服务。美国的特殊教育是多年来为应对残疾儿童受到不公平对待的情况而采取的立法和法庭行动的产物。美国残疾人权利法，如《94—142公法》和美国《残疾人教育法》，是家长和残疾人权益拥护者为应对残疾儿童不适宜的教育和受限制的教育机会而努力的结果。

20世纪50年代和60年代的民权运动是变革的灵魂和催化剂。具体来说，最高法院在《布朗诉教育委员会案》中做出的决定，废除隔离，坚持平等的原则，即在1955年前，政府就默许了学校的隔离制度。司法判决和国会立法继续影响公共政策的制定，造成了"远离隔离学校，面朝融合"这一重大转变观念的产生。

当我们将特殊教育视为一种服务时，就意味着学生能够获得专门的指导和支持，以克服残疾所带来的学习困难。将残疾学生"安置"在特殊教育环境里，并不意味着将其从普通教育的教室"赶到"一个隔离的环境中。多项研究表明，给予学生适当的支持与服务，大多数残疾学生在普通班级里都能获得进步，并能在与健全学生的日常互动中茁壮成长。

美国《残疾人教育法》统领着美国特殊教育的政策和实践。该法律涵盖0—22岁的个体。

四个主要原则推动着美国《残疾人教育法》的实施。包括让残疾学生获得免费且适当的教育，这种教育最好在附近学校、最少受限制的环境中进行。最少受限制的环境指的是残疾学生进入普通班级，与普通学生一起接受标准化且丰富的教学内容。美国《残疾人教育法》也提供了更多特殊教育服务和程序性保护措施。这种服务是针对残疾学生的个别化需求的。

个别化教育计划是对学生进行特殊教育的关键组成部分，是为满足残疾学生的特殊教育需求而设计。它描述了学生如何学习和表达理解，以及教师、教学助手以及其他服务提供者需要做些什么来帮助学生更有效地参与和学习。

作为教师，你的职责是由学生的特殊需求、你对学生的了解以及对标签下个体的认识所决定的。在学生的学校生活中，每一位教师都发挥着无可替代的作用。你和学生之间的关系是成功的决定性因素。作为教师，你应该尽可能地把学生当做正常发展的儿童，并且只在必要时修改课程和标准。你应该突破标签的枷锁，使用掌握的知识以及以学生为主的经验来指导你的教学实践。

无论何时，教师都要尽可能促进自然环境下的同伴支持，而不是成人支持。研究表明，过度依赖成年人可能会对学生完全参与课堂环境以及独立发展产生反作用(Malmgren & Causton-Theoharis, 2006)。

教育被诊断为自闭谱系障碍的学生不会无聊！每一个学生都是一个独特的个体，他们有着自己的长处、兴趣和挑战。这适用于班级所有学生，无论残疾与否。在应对挑战的过程中，学生的生活能够发生积极的转变。

资源链接

附录 1：常用术语表

特殊教育领域有许多专业术语，这些术语会使人感觉听到了外语！学习特殊教育中的常用术语，能够促进我们理解支持项目。

附录 2：特殊教育的缩略词

找出常用缩略词的意思，可以帮助我们理解特殊教育的程序和服务。

广泛且深入的培训和资源

http://www.normemma.com/nkevbio.htm

特殊教育委员会（CEC）

http://www.cec.sped.org/

残疾是天生的

Brave Heart Press, PO Box 7245, Woodland Park, CO, USA 80863-7245

www.disabilityisnatural.com

残疾人协会（TASH）：自 1975 年以来，公正对待残疾人，并提供均等机遇、完全接纳他们。

http://www.tash.org/index.html

延伸阅读

Giangreco, M. F., & Doyle, M. B. (2007). Quick-guides to inclusion：

Ideas for educating students with disabilities (2nd ed.). Baltimore, MD: Paul H. Brookes.

Gore, M. C. (2010). Inclusion strategies for secondary classrooms: Keys for struggling learners (2nd ed.). Thousand Oaks, CA: Corwin.

Jorgensen, C. M., McSheehan, M., & Sonnenmeier, R. M. (2009). The beyond access model: Promoting membership, participation, and learning for students with disabilities in the general education classroom. Baltimore, MD: Paul H. Brookes.

Kochar, A. C., & Heishman, A. (2010). Effective collaboration for educating the whole child. Thousand Oaks, CA: Corwin.

Maanum, J. L. (2009). The general educator's guide to special education. Thousand Oaks, CA: Corwin.

Thousand, J., Villa, R. A., & Nevin, A. I. (Eds.). (2002). Creativity and collaborative learning: The practical guide to empowering students, teachers, and families. Baltimore, MD: Paul H. Brookes.

第三章
促进积极行为

惩罚和奖励基于相同的心理机制,即动机调控行为。

——阿尔夫·科恩

本章中,我们将探讨两个问题,一是哪些因素能帮助教师理解自闭谱系障碍学生;二是为什么了解标签背后的人是为其需求提供支持的关键。我们将学习如何透过个人经历去审视学生的需求,从而减少学生的挑战行为。行为支持正是以人为中心审视行为,而不是指责学生或通过威胁、承诺奖赏来强制其服从。即,教师应保持挑战行为都有其功能性的观点:学生通过行为以获得某些东西或避免某些不愉快的东西。

我们已经在书中讨论过行为。自闭谱系障碍学生的异常行为可能会妨碍教师、同伴与其建立关系。其外在表现掩盖了行为背后的交往意图,也阻断了别人对其的理解和接纳。

对于自闭谱系障碍学生来说,他们的需求不是自我调控,获得注意或避免任务;而是缺乏适应课堂和经营人际关系所需的技能。一旦我们从其生活背景和经历中看待学生的行为,我们就会开始理解和欣赏这个人。因此,支持策略就可以准确反映个人的需求。

学生发生挑战行为可能会涉及许多因素。根据情境、环境、学生需求及事件表述人员的不同,行为可能以许多不同的方式解释。就像"情人眼里出西施",每个老师对学生行为的解读和反应都是独一无二的。正确的反应可以显著改善行为,错误的反应可能会使情况更糟。我们要检视自身对行为的看法，学习如何避免做出错误的决定。总之，采取的措施必须基于正确的假设。

为更好地了解标签背后的人，与学生及其家人建立联系是至关重要的。学生的父母可以帮助我们了解触发孩子挑战行为的刺激，以及如何避免或者降低其影响。父母是最了解孩子的，他们可以提供行为变化的细微信息。要知道这个关键信息，我们就可以问自己：这个人的生活是什么样的？如果自己过这种生活会有什么感受？自己的行为会是什么样的？自己如何表达自己的需求？为了帮助你更深入地了解这个人，请你参照本章后面的"九个尊重的概念"和表 3.1 的"有效行为支持"。

最后，当一个自闭谱系障碍学生情绪失控时，我们需要了解可能伴随的后果。因此在本章中我们还会研究情绪发作的各个阶段及有助于稳定学生情绪的策略。

行为

行为是一个人对环境、经历和需求的反应。行为可以是有意识的或无意识的，外显或内隐的，自发的或被动的。

大家往往认为行为表现是学生可控制的，这种观点认为，当一个学生"表现出来"时，他是想要一个结果。惩罚被认为是一种威胁，因为后果将迫使受罚者遵从。学生的行为被定义为问题，一旦学生被视为问题，我们就要思考"我们如何处理这个问题？"我们应假设学生有能力控制行为或有动机改变以避免有威胁的后果。

我们必须谨慎假设，如果环境就是问题所在呢？如果学生需求没有得到满足，不知道如何表达自己的想法呢？如果挑战行为比期望行为更能满足学生呢？如果相较于惩罚的代价，挑战行为能带来更大的回报呢？

人性很复杂。挑战行为可能是在表达需求未得到满足，也可能是在表达学生正面对难以忍受的情况，并且无法用可接受的方式处理。我们如何应对是由我们的观念决定的，观念通过行为传达。

挑战行为

挑战行为可以传达一些信息,如学生自身及其生活质量的重要信息(Pitonyak,2005)。

挑战行为是一个信号,说明某些重要的东西正从孩子生命中消失。因为标签、以往的报告或者其他人的错误印象,我们会很容易误解一个人的行为。这是一个悲剧性的错误。当我们能摒弃假设,开始投入时间真正了解这个人时,我们才能为他/她的挑战行为提供支持。

当学生表现出行为问题和常规问题时,学校将执行一贯的行为结果措施(奖励和惩罚)来迫使其顺从,而不是第一时间考虑行为为什么会发生,他们采取这样的措施是否有效。对一些学生来说,威胁能带来行为上的短暂改变;但是对于那些无法解释或控制行为原因的学生来说,威胁永远不能帮助到他们。在一个基于结果的课堂中,学生会想:"老师想让我怎么做?如果我不这样做会怎么样?"在一个基于奖赏的课堂中,学生想知道:"老师想让我怎么做?我做这件事能得到什么?"奖励与惩罚是同一标准的两个方面,而我们想让孩子考虑的是:"我想成为什么样的人?"(Kohn,1995)。

归根结底,挑战行为是需求未得到满足的一种表达,也可能是学生对生理上无法忍受的某些情况做出的反应,或是为了避免某种厌恶的东西(Crone & Horner,2003)。当学生的行为达到预期的需求或目的时,行为即得到强化。强化物的存在将极大增加行为重复出现的可能性。

有时候,我们可以通过考虑行为的前奏确定挑战行为背后的原因。前奏包括行为发生之前的事件、情境和经历,这会增加挑战行为发生的可能性。背景事件是指学生在一天或一周中的早些时间的经历,这种经历为之后挑战行为的发生创造了条件。前奏和背景事件带来压力,并最终可能导致挑战行为的发生(Ghaziuddin & Butler,1998)。

当试图确定学生压力因素时,你可以考虑以下几个方面:
- 环境压力(气味、触感、响亮的声音、明亮的灯光、拥挤的房间);
- 社会压力(混乱的社交场合、不喜欢的人、虐待);
- 内部压力(孤独、不开心、害怕、焦虑、思维困顿、过度刺激、饥饿、生病、太热或太冷)。

挑战行为的发生,有多种外在和内在原因。我们不可能悉数列出,但以下几种情况可以作为参考:

- 需求没有得到满足,且难以表达;
- 感觉被误解或贬低;
- 不喜欢的任务,无聊,缺乏有意义的活动;
- 计划外的事件,突然的变化;
- 被嘲笑或被欺负,感到不安全;
- 学生的个人空间被侵犯;
- 喜欢的活动或特权被取消;
- 拥挤的走廊和不合常规的课堂行为;
- 感官挑战、疾病、生理状况不佳和内心不安;
- 心理健康挑战;
- 混乱的家庭状况造成的困难。

情景事件是学生生活中出现的真实情景,它会影响一个人的精神状态。爸爸妈妈吵架,婴儿彻夜哭闹导致学生失眠,兄弟手足遭遇事故,第一节课被班级恶霸欺负等,都会导致学生上课时感到烦躁、筋疲力尽、沮丧,或者出现一些其他的小情况。这些情况通常不会直接诱发挑战行为。但当学生缺乏可靠的途径表达焦虑和压力时,情绪问题就会随之而来。

需要注意的是,并不是所有的自闭谱系障碍儿童都会用挑战行为应对压力情境。一些学生会表现出退缩和与情境不符的情绪,如无缘无故地笑、自我沉迷、过分专注于特殊兴趣或者白日做梦。有的学生会出现反复拍手、晃动、用手指摩擦物体、抓挠皮肤或者视线停滞的行为,即努力将注意力从带来压力的环境或人上转移。

以人为本的支持

教师及提供支持的专家能有效地了解学生个体,敏锐地发现标签背后的个体需求。他们超越了诸如"寻求注意"、"逃避任务"等常见的行为概念,提倡通过改善学生的个人处境的方式为学生提供支持。

学生的行为挑战有时是学校文化导致的,因为这一文化有可能难以满足学生在人际、选择和有意义的贡献等方面的需求。帮助学生发声，倾听他们的诉求，可以与学生建立相互理解的关系，从而改善结果。

减少挑战行为是需要时间的。教师要在一天中的不同情境、不同时间对学生进行观察。当一个学生出现扰乱课堂教学、不听指令、拒绝参与或其他影响学习的行为时，问问自己：课堂情境让学生感到不舒服吗？学科内容或活动符合学生的学习水平吗？教学符合学生的学习风格吗？教室中有某个人导致了学生的焦虑吗？日程表中有非预期的变化吗？学生忘记吃药了吗？挑战行为发生在特定的时间或一周中某一天吗？挑战行为发生有什么模式吗？确定行为背后的原因是改善行为的第一步。

两种相似的行为背后可能是完全不同的原因。"保持一致"并不意味着我们每次都要用相同的行为结果处理挑战行为。学生出现不当课堂行为时，教师有时会让学生离开教室。教师厉声喝道："站到外面"，乔尼离开教室坐到外面，这样教师暂时摆脱了学生的不当行为。但是问题是，如果乔尼离开教室反而提升了他的生活质量呢？那老师的举措是解决了挑战行为还是强化了挑战行为？

有些学生为了获得好感或称赞会表现得很好。当成人忽略了"预期的"积极行为时，问题就会出现，如果成人预期的行为没有得到认可，那学生可能会通过原来的挑战行为获得其渴望的关注。不幸的是，学生会发现有时挑战行为会比良好行为更易获得预期的结果。

确定行为背后的原因是十分具有挑战性的。这需要教师了解学生，知道学生在寻求什么。为了满足学生的需求，教师需要进行头脑风暴：学生如何能够不通过挑战行为获得所需。如，学生需要获得认可，那就要思考，学生通过能力展示获得尊重与认可的方法。鼓励学生与同学分享自己的特殊兴趣、展示家庭度假照片或者阅读晨间公告，下面是一个值得分享的实例：

> 在这本书中，读者会发现有卡通画，这是之前我的融合项目中的一位学生——戴文创作的。戴文是一位极具幽默感的天才艺术家，他在普通班级接受融合教育，因为他的艺术天分而得到同伴的尊敬。他的美术老师赖特先生受到戴文的启发，让他担任漫画艺术生的导师。戴文的案例讲述了一位天才学

生如何甩掉标签,成为学校团体中受人尊重的一员。

通过这些经历,学生获得了尊重,同时自身的天分与优势也得到了强化。解决挑战行为难题的关键是保证积极行为在满足学生需求方面会带来"更大的回报"。当存在潜在的情绪问题时,一个可信赖的成人的积极支持能帮助学生避免问题。下面的例子讲述了挑战行为的潜在原因,以及一些简单的调整如何可能改善学生的处境:

- 山姆是一名会在数学课上发脾气的学生。老师把他从教室里赶出去。同学们都在做数学作业,而他背靠着墙坐,看着过往的行人。
  - 对于山姆来说,数学是很有挑战性的。内容太难,节奏太快。这种教学不符合他的学习风格。教师应为山姆提供适合他学习风格与水平的内容,放慢节奏,允许他有更多的练习,为他提供数学教具或视觉图表帮助他理解。
- 奥斯汀,14岁,读二年级。在全班学生循环朗读的时候,如果奥斯汀被要求站到全班面前去读,他就会用帽衫盖住头,并且把眼睛闭起来。
  - 对奥斯汀来说,相比于教师惩罚,在同龄人面前表现不好更糟糕。因此教师可以选择采用集体读、跟读或者教师示范读的方式,在一定要让学生大声朗读时,直接让奥斯汀通过。
- 亚历克西斯,一位患有阿斯伯格综合征的八年级学生,对暖气和空调系统很着迷。她对阅读中世纪生活的朗读任务不感兴趣,她不想读这本书,也不想写作业。针对她缺乏兴趣的情况,老师感到很沮丧。
  - 利用亚历克西斯对于暖气和空调系统的兴趣提升她的课堂参与度。教师可以让她做一份报告,概述中世纪的人是如何做到家庭制暖与制冷的。
- 艾米是一个13岁的女孩,她对触觉十分敏感,讨厌别人碰她。代课老师"B先生"无意中拍了她的后背,她大喊:"不要碰我!"老师感到十分震惊。

○ 在课程计划中加入艾米身体情况的信息,这样就可以避免代课老师打扰到她。

• 阿尔伯托喜欢他的老师,并且会为了获得赞赏做一些好事。但是不好的方面是,为了获得赞赏,其他学生稍有不当,他就会大发议论。"特纳先生,卢比达冲着我笑,做鬼脸。"

○ 阿尔伯托需要知道如何在班级中获得认可,而不是通过议论他人的方式。教师可将他任命为班级信使或者作业收集人,也可以让他负责读每日快报或者帮助老师准备节日公告板。

学生之间的行为看起来很相似,但是,不同的学生行为背后的原因可能大不相同。根据外在表现和无根据的假设对行为原因下结论,可能会带来错误的回应。

• 有一位同学上学经常不带饭或者没钱买午饭,科尔会把他的三明治分享给这位同学。为了获得好感与特权,科尔向老师说了自己的善举。在他的"善举"得到免费电影票的奖励后,他就停止了助人的行为。

• 有一位同学上学经常不带饭或者没钱买午饭,乔西会把自己的三明治分享给这位同学。乔西不寻求成人的认可,他仅仅看到了一个需要帮助的人。没有人注意到他的善举,但是乔西不在乎,他只想做正确的事。

上述案例中,科尔的"善举"是为了得到奖赏,是自私的。乔西的善

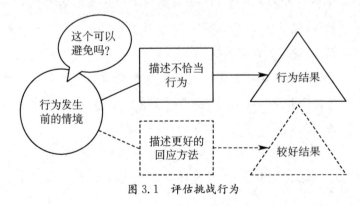

图 3.1 评估挑战行为

举是出于对某个有需求的人的关心。如果一个学校的文化建立在奖惩制度之上,我们将会看到更多的孩子会有科尔那样的表现,只有少数的孩子会有乔西那样的表现。

行为是可解释的

根据观察者的不同,挑战行为可以有不同的解释。同一行为,不同的人会对所发生的事情及原因作出完全不同的解释。如果想了解引发挑战行为的原因,就需要在了解学生的基础上,进行细致的思考和分析。

> "保持冷静,考虑一下情境的复杂性。"
> (Van der Klift & Kunc, 1995)

当学生没有或无法解释自己的行为时,我们很容易对他们的行为产生误解。我们倾向于妄下结论,而不是深入思考那些有助于我们得出更有效结论的因素。

请注意,即使在去年已陈述过学生早些时候及在不同情境中的行为表现,也不能由此推测学生在今年发生同样行为的原因。这是因为,青少年发展变化很快,特别是行为问题。请花些时间仔细考虑学生日常生活中的事件,以及学生当下所处的情境,可能有助于你理解那些令人困惑的行为,而不是仅仅根据以往收集到的信息进行判断推论。从今年开始,建立并保持家长—专家之间的合作关系,这将有助于教师避免犯一些错误,进而快速开展正确的干预。

当学生行为开始升级时,我们的工作就是借助对学生的了解来阻止学生行为的进一步升级。我们对学生行为的正确反应能帮助学生缓解紧张或者产生积极情绪。如果我们变得生气或者对抗,情况反而会变得更糟糕。我们的正确做法是保持冷静,客观公正,事情就会有积极的结果。情绪事件的相关内容我们会在后边的章节进行详细探讨。

关系发展

行为支持中三个最重要的因素是:

1. 关系
2. 关系
3. 关系

花一些时间去了解班里的学生。了解他们的喜好,发展一种关切的关系。每一种善意的举动和行为就像是在"关系银行"里存钱一样。当学生行为不当、烦躁不安或出现挑战行为时,不要说"你要安静",或者"停下来"这样的话,而是要表现出对学生的关心,如"你还好吗?""我可以帮什么忙吗?""我给你拿杯水好吗?"或者"你为什么要这样做?"这样更有可能降低行为的严重程度或促进积极结果的出现。

图3.2　耐心、耐心、耐心

当我们在错误的时间成为那个错误的人时,我们就会陷入困境。在处理挑战行为之前,我们必须首先考虑如何有尊严地满足学生的需求。如果一个学生十分沮丧、生气,这时他/她是很脆弱的。这种情况下,我们要充当一位"救生员",而不是"游泳教练"。你不能在人们溺水时教他们游泳。

要避免说"我早就跟你说过了!"这样的话。要时刻牢记学生的经历、家庭情况和残疾类型,然后再做判断。戴维博士是积极行为支持的讲师和教师,用他的话说就是"抛开一个人的生活情境去理解其行为,是对他人的不尊重"。

公平的标准

在考虑如何应对挑战行为时,下结论前一定要问问自己:这是切实的吗?是正确的吗?有作用吗?在决定采取行动之前,请考虑以下"九种尊重":

九种尊重的表现

> **理解**:是否用学生能理解的方式向学生解释希望表现的良好行为。
> **沟通**:学生想用这种行为表达什么?如果你是他/她,此种情景对你意味着什么?
> **未满足的需求**:学生如何学习?他/她有朋友吗?他/她在家庭中感到安全吗?他/她饿吗?他/她累了吗?他/她要去卫生间吗?
> **自我决定**:对于会对他/她产生影响的决定,学生有发言权吗?他/她的尊严有得到保护吗?
> **潜在的益处**:学生在行为发生之前想要什么吗?学生有其他方式可以获得想要或需要的东西吗?行为发生之后,紧接着又发生了什么?
> **生存策略**:行为发生之前学生有表现出焦虑或害怕吗?学生是否认为自己处于危险之中或受到威胁?当下的情形是否能提示学生联系到另一危险的情况呢?
> **家庭和文化因素**:这种行为在学生家庭内是可以接受的吗?这种行为符合学生的文化规范吗?
> **角色**:有没有这样一些人,学生不会在他们面前发生挑战行为。这些人和该学生交流互动有什么不同?
> **用药**:学生是否在用药?如果是,药物有什么副作用吗?主治医生最后一次检验学生药物是什么时候?
> 来源:Adapted from Van der Klift, E & Kunc, N. Session: Non-coercive Responses to Puzzling Behavior (2005) Annual TASH Conference, Milwaukee, WI. Used with permission.

减少挑战行为

一个舒适而温馨的课堂可能会减少甚至阻止挑战行为的发生。自闭谱系障碍学生喜欢结构化的、可预测的活动。因此教师必须要用学生理解的方式清楚地呈现规则和程序。一个舒适而受欢迎的教室也应该

是有组织的、井井有条的。俗话说"有条不紊",最理想的教室布置应包括以下内容:

1. 具有明显标示的日程表和流程。
2. 房间布置要做到消除干扰、增强指导和正确使用材料。
3. 座位安排要重视同伴支持的作用。不要将自闭谱系障碍学生的座位安排在一起,自闭谱系障碍学生旁边要安排非残障学生,这样才能起到榜样示范作用。
4. 精心设计活动之间的转换计划并一以贯之。如有改变,应将改变提前告知学生,使学生通过实践,学习如何更快、更流畅地实现活动转换。

课程表和规则

用积极的形式反复教授课堂规则与程序。在教室前面的黑板或墙上张贴班级活动时间表。当活动有所改变时要提前通知学生,避免最后一刻再通知。如果班级要参加学校的表演大会,可以跟学生讲解一些恰当的观众礼仪。

> 大家看一看我们今天的日程表,下一项活动有所改变,我们要去多功能厅参加舞蹈大会,大会将持续一段时间,请大家坐在地板上,安静地欣赏舞蹈表演。在合适的时候,要有礼貌地鼓掌,不要去打扰别人。

课堂规则应该明确具体。五个或更少的积极措辞的规则比一长串的"不要……"更有效。在教授这些规则时,要把重点放在你希望学生表现出的积极行为上。一定要对期望的行为下定义、做示范、做展示。要重点说明为什么这些规则和程序十分重要,避免威胁惩罚和承诺奖励。

房间布置

房间布置要有组织,避免桌子、书桌、壁橱和墙壁杂乱摆放,应给学生做个好榜样。要确保学生知道哪里可以找到需要的材料,哪里可以完成任务和作业。有条理地布置房间,从材料摆放到结构化分区,都应将对自闭谱系障碍学生的干扰降到最低。教室应该这样布置:

- 增加学生参与度。
- 减少混乱和不必要的干扰。
- 最大限度地提高教师与学生合作和监控的能力。
- 鼓励学生之间的互动、师生之间的互动。
- 材料应便于拿取。

转换

时间是一个抽象的概念，这对于一些自闭谱系障碍学生来说是一个挑战。学生无法预估自己完成一项活动还需要多长时间。这时教师需要在活动转换前提前告知学生。如果学生当下是混乱、无条理的状态，那他/她可能需要更多的时间。如果学生在最后时刻匆忙完成学业任务，就容易出问题。

中学和高中课间时间比较短，如果学生需要穿过校园去上下一堂课，请给他/她留出足够的时间收拾整理，准备去往下一间教室。应用下面的策略可以避免一些问题：

- 转换程序保持一致。当出现变化时，在早上提前告知学生。
- 活动转换前，提前5—10分钟告知学生。
- 在每个课堂时段内都公布、审查每日日程安排。
- 学生个人日程表要张贴出来或者放在他们桌子旁，每个活动或阶段结束之后都要再次审查个人日程表。
- 如果每日常规（议会、缩短的日程安排和实地考察）出现变动，要在班级日程表和个人日程表上进行更改标示，并让学生尽可能地注意到改变。例如，让自闭谱系障碍学生帮忙修改日程表，将"数学"卡片从魔术贴上拿下来，贴上"学校会议"的卡片，表示数学课已经被取消，以利于学校会议的顺利进行。

考虑到学生

你对学生的了解和理解会增加他/她在情境中获得成功的可能性。为了减少挑战行为，下面是一些被证明有效的策略，这些策略都是以学生为中心的：

- 有策略地安排座位,让自闭谱系障碍学生座位尽可能邻近正常的同龄人,而不是其他自闭谱系障碍学生。如果座位被安排在那些能起到帮助、支持作用的同伴旁,自闭谱系障碍学生的表现会更好。正常学生的存在可以帮助降低挑战行为发生的可能性。
- 自闭谱系障碍学生的座位要远离那些有挑战行为的学生,尤其是那些行为不端的学生,他们很有可能爱捉弄或骚扰别人。
- 调整座位安排,以促进积极的同伴互动。
- 在挑战性情境前,安排放松时间或锻炼休息时间。
- 难度较大、要求较高的活动与轻松、愉快的活动交替进行。
- 为学生提供选择。
- 让学生有机会选择喜欢的活动或同伴。
- 设置一个区域,当自闭谱系障碍学生感受到压力时,可以到这个区域放松。为学生布置有意义的任务,并帮助学生完成,但是不要过度使用这个策略。我们希望学生将这个区域看做是完成任务的地方,而不是逃避任务的场所。

控制分心

许多自闭谱系障碍学生不会把注意力放在任务上,反而会过多关注无关物品和材料。教师应把易分心学生的座位安排在远离班级核心区域的位置,远离学生喜欢的或会分散学生注意力的物品。比如说,避免把学生安排在靠近以下区域的地方:

- 任务集中和发布区域。
- 教师工作区域。
- 教室门窗。
- 教室水池、卷笔刀、喷泉、鱼缸、宠物笼、电脑、DVD和电视所在的区域。
- 会带来感官挑战的地方。

当学生对感知觉过度反应,感觉自己被感官输入轰炸时,注意力便难以集中,课堂表现也会面临困境。学生可能会捂住耳朵,避免触摸或闭上眼睛尽量减少感官的超负荷。帮助学生克服感官挑战可能需要与职业治疗师合作,而具体如何干预则取决于学生所面临的感官挑战的类型。如果想要了解更多信息,请参阅第一章"感觉特征"部分的内容。

情绪发作

描述情绪爆发时,我们经常会使用脾气暴躁、崩溃以及愤怒等一些术语。我们可能会遇到存在情绪问题的学生,但不是所有的自闭谱系障碍学生都会有情绪爆发。了解情绪发作的阶段和触发因素,将有助于避免学生情绪的爆发或降低其影响,预知什么样的措施能保障学生情绪爆发时的安全,并能促进学生更快地恢复。情绪爆发通常分为三个阶段(Myles,2005):(1)焦躁不安,(2)暴怒,(3)恢复。

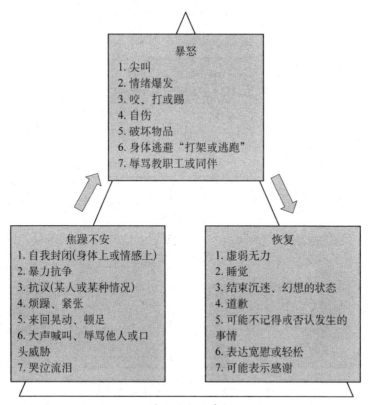

图 3.3 情绪爆发时学生的行为

稳定策略

请在学生冷静下来并准备好开始学习时再恢复指令。请耐心一点，假设你遭遇溺水，刚刚被救起拉到岸边，这时可能你还没准备好解决你的数学题。要帮助学生平静下来，给予学生温和的安慰、陪学生安静地走一走、安排学生在一个安静的地方放松、改变环境刺激（关灯、提供安静的环境、提供耳机听音乐或提供替代活动）。抓着情绪爆发这件事不放，反而会适得其反。请记住，自闭谱系障碍学生很容易受到情绪的影响，你要确定压力源是什么，并努力降低其影响。

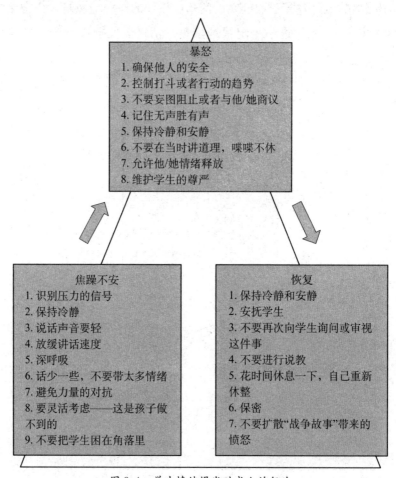

图3.4　学生情绪爆发时成人的行为

了解学生

收集信息

了解给学生带来压力的因素：来自学生父母的、来自特殊教育教师和其他可靠信息来源。自闭谱系障碍学生可能无法识别使自己焦虑、挫折、愤怒和抑郁的因素。许多自闭谱系障碍学生会出现思维固化，表现为不知变通并最终失控。即使他们能解释原因，也不意味着他们有能力控制自己的思想和情绪。

确定环境压力源

当思考学生情绪为什么爆发时，请考虑以下几点：
- 常规日程表被打断了吗？（会议、消防演习、测验和最短日程）
- 学生被戏弄、被欺负了吗？他/她是否能和其他同学友好相处？
- 房间太亮了吗？太吵了吗？太活跃了吗？太拥挤了吗？太混乱了吗？
- 任务是否太长？是否令人费解？是否使人厌烦？
- 当前的课堂活动是否太激烈？之前是否有过相同刺激程度的活动？
- 你或者其他的成年人有感到不耐烦和沮丧吗？
- 学生有生病或睡眠不足吗？如果是女生，她是否处在生理期？

减少环境压力

对于学生不喜欢的任务和活动作出修改，并且暂停新技能的教学。如果发现学生出现焦躁的情绪表现，应立即为其提供支持、帮助其减少压力。关注引起学生崩溃的情境，提供替代活动以满足其需求。如，一名学生喜欢画画，如果填写一份植物生物学的科学工作表会使学生焦虑，那么教师可以让学生画出植物及标签以证明其真正理解了知识。

提供一个可预测的环境

除非学生完全恢复，否则应该避免改变常规、公布未提前告知的事情。如果安排了会议，要确保学生恢复到他/她准备参加的程度。但是，不要因为学生情绪爆发就让学生离开当前情境,要查看一下学生情绪是否足够冷静,让学生参与决定。有时候,常规的改变可以作为一个分散注意力的措施,帮助学生脱离之前的沮丧情境。但是其他时候,这种改变可能会增加学生的焦虑。

增加常规性的要求

当学生恢复之后,应密切监视他/她对压力的反应和完成任务时能力表现。不要过度帮助学生,过度的帮助也会给学生带来压力。如果学生想要参与课堂,那么像社交技能小组这种将学生单独拉出来的活动就会给学生带来压力。

安德鲁的老师为他建立了一个单独的社交技能小组。几个星期之后,老师注意到在小组会议时安德鲁的焦虑行为(独自哼哼、拉头发和捂住耳朵)有所增加,考虑到这种压力的增加,安德鲁的父母和老师意识到,他从普通课堂上的嵌入式社交技能教育中获益更多。

制定 B 计划

当一切都失败时,学生的焦虑会不断增加,情绪一触即发,这时一定要有一个备选计划。很多时候,学生需要散步放松。这时,可以给学生安排一个需要走动的活动,如把一本书还回图书馆,把文件分发到每个班级等。这种策略比将学生赶出教室更能保护学生自尊。教师可以让学生经常帮自己传递信息或到图书馆还书。让学生到图书馆还书或者将材料拿到另一个班可以达到两个目的:一方面可以帮助学生摆脱压力情境,另一方面可以在促进学生参与团体活动的同时培养其独立性。这一策略在使学生获得益处的同时避免了一个有害的情绪事件的发生。

阿曼达渴望完美。如果老师将她的错误答案标记出来,她很快就会出现情绪波动。尽管老师会努力纠正她,她还是会尖叫说自己没有错,并且试图用橡皮擦掉老师的标记。我们了解到了减轻阿曼达执着完美的好方法,就是在她放松或者乐于接受新观点时解决问题。我们设法让阿曼达同意在下次她的错误被标记出来时允许我们使用镇静策略。第二天,在标记她错误前,我们会说:"还记得我们说的吗,如果我们检查你的文件发现有错误,你要如何接受?"阿曼达说:"但是我想要完美!"老师:"我们之前是怎么说的,阿曼达?"阿曼达:"我不可能是十全十美的。"老师:"很好,深呼吸,放松……(我要划了)"(老师把错误答案划出来)阿曼达深呼吸,眨了眨眼睛,但是她控制住了自己的情绪。老师:"很棒,阿曼达,你没有生气,很令人赞叹!"

有效的行为支持

自闭谱系障碍学生通常需要依靠教师和治疗专家的专业帮助寻找应对挑战的策略。下面这些人将可能为学生提供支持:学校心理学家、自闭谱系障碍学生专家、行为专家和行为治疗师。成人专家的作用取决于他们的培训、价值观和信仰,形成和维持良好关系的能力,确定改善学生境况的策略和帮助支持工作人员及同事操作的能力。表 3.1 列出了以人为本的行为支持方法,同时将需求领域也纳入到了策略中:

表3.1 有效的行为支持

有效的行为支持			
关系的建立			教师/专家……
总是	和很多人	很少或从不	征求某人同意并提供帮助。
总是	和很多人	很少或从不	在与其他人讨论学生前,征求学生的同意。
总是	和很多人	很少或从不	花一些时间与学生建立联系,和学生一起做他/她喜欢的事情。
总是	和很多人	很少或从不	花时间了解学生的故事,用尊重和充满自信的方式让学生讲述他/她的故事。
总是	和很多人	很少或从不	花时间了解学生的抚养人。
总是	和很多人	很少或从不	努力尊重学生的文化价值观和观点,让学生感到安全,并鼓励学生表达自己。

续 表

总是	和很多人	很少或从不	与学生及其抚养人一起庆祝成功。
总是	和很多人	很少或从不	在制定支持计划时积极与学生及其抚养人交涉。
总是	和很多人	很少或从不	支持计划要根据对学生的了解及从搜集其成长故事时得到的信息,并认真界定涉及的行为。
	了解行为		教师/专家……
总是	和很多人	很少或从不	对问题行为有明确的定义。
总是	和很多人	很少或从不	描述问题行为的历史。
总是	和很多人	很少或从不	识别有帮助、无帮助的策略和干预方法。
总是	和很多人	很少或从不	描述问题行为最高水平与最低水平的情况,包括每天、每周和每月。
总是	和很多人	很少或从不	系统地收集有用的信息,并且以改进决策的形式对其进行总结。
总是	和很多人	很少或从不	考虑和解决可能影响行为的生理问题,特别是自伤行为。
总是	和很多人	很少或从不	考虑和解决药物及其相互作用对行为的影响。
	支持		教师/专家……
总是	和很多人	很少或从不	看清大局,识别有助于行为改善或损害支持有效性的系统和组织机构、政策和做法。
总是	和很多人	很少或从不	运用大局观,对待组织和制度变革。
总是	和很多人	很少或从不	提供自闭谱系障碍学生准确、实用的信息,对同龄人进行自闭谱系障碍普及教育,并跟进一个积极的计划;发展和维持友谊,维持对人关注的策略,建立尊重的、促进同伴关系的学校条件。

这是不现实的

当教师和管理者不知道如何成功地帮助自闭谱系障碍学生融入普通教育环境时,行为挑战往往会成为他们的借口。

在决定是否要接纳学生时,评估会不可避免地集中到学生行为和对课堂情境的适应上。在某些情况下,学生的情绪爆发将严重干扰自身及同学的课堂学习。因此,大家倾向于不融合自闭谱系障碍学生,这似乎是一个十分有力的说辞。但是,这种看似明智的结论往往否定了学生。同伴和教师,认为自己不可能找到方法使自闭谱系障碍学生成功融入课堂情境中。什么是现实?这个问题并不像看上去那么明晰。Kunc(1984)指出:"想想我们有多少次拒绝残障人士都只是通过简单地说'这是不现实的'。"

这种态度产生的原因是教师对自闭谱系障碍学生一无所知,对本章提到的积极行为支持策略缺乏了解。教师和其他支持提供者往往不知道,在课堂上稍做调整,就可以为自闭谱系障碍学生提供支持。就像Kunc(1894)描述的那样:

"不现实"的说法通常反映出回应者的无知。当认定某个部分"不现实"时,发言者就立即降低了为解决这一特定问题进行头脑风暴的可能。而且,在相信接纳某个学生是"不现实"的观点时,一个人会立即对这种情况做出判断,并且维护这种判断的合理性以保护既得利益。

然后问题就变成了,我们如何消除阻碍自闭谱系障碍学生全面参与的障碍。我们如何改变环境以减少学生的挑战行为?我们该采取什么样的方式,才能让普通发展的同伴了解自闭谱系障碍学生的障碍情况,使他们有能力去支持自闭谱系障碍学生的全面参与?导致学生出现挑战行为的因素有哪些,我们该如何去除?

"问题"通常不在于学生是自闭症,而是在于课堂环境中出现的情境或状况引起学生焦虑,并导致学生出现不恰当的行为。通过分析情境,作出调整,我们几乎总是可以将一个具有挑战性的情境转化,改变课堂情境,让其成为所有学生感到熟悉、舒适和温馨的地方。

小结

行为是指一个人的举动或反应,与环境、个人经历及未得到满足的需求相关。挑战行为实际上是一个信号,表明学生处于困境中或者需求未得到满足。行为可以是有意识的或无意识的,外显的或内隐的,主动的或被动的。当学生的行为能使学生获得预期的结果时,学生的行为就会被强化。强化物大大增加了行为重复发生的可能性。

基于一个人的生活背景，我们才能更好地理解他/她的挑战行为。当我们打算去了解这个人时，就意味着我们已经开始为他/她的困难行为提供支持了。可悲的是，通常专家是在不了解这个人的情况下，制定干预措施来干预其挑战行为的。他们会将某个人看做是需要修理或纠正的人（或物）。但是，处于一个人的生活情境之外而试图"修复"一个人的行为往往是无效的，而且是不尊重人的。

什么是挑战行为？不同的观察者会有不同的解释。虽然不同的人看到的是相同的行为，但对行为发生的原因做出的解释却截然不同。

挑战行为也是情境化的。学生行为受环境、社会和个人等多种因素的影响。学生的行为波动，基于他人存在与否、社会期望和阶层、学生的感受、课堂环境的舒适程度等因素。在这些因素作用下，学生的行为可能完全不同。有时候，改变环境因素可以减少问题行为。

与学生建立积极的、关切的关系对于减少学生的挑战行为大有助益。学生出现挑战行为时，如果不能正确处理，会带来不好的结果。在试图减少学生的挑战行为之前，我们必须首先考虑学生的需求，并从学生的生活经历出发与学生合作。

> **自闭症误识**
> "自闭谱系障碍儿童是反社会的。"
>
> **事实**
> 这是错误的：自闭谱系障碍儿童难以理解沟通的复杂性。他们想要沟通，但是需要有人教他们。

情绪发作有可预测的规律。当你提前了解到学生的期望时，得到积极结果的概率就会增加。你需要了解你要提供支持的学生，努力减少环境中压力因素，降低学生的焦虑水平。如果教师改变了导致不恰当行为的可控因素，就可以避免一些挑战行为。有时学生会被课堂外的问题困扰，这些因素也会影响到学生的舒适感。了解学生挑战行为的潜在因素需要花费一定的时间。信任、支持性的师生关系在减少学生挑战行为方面有十分重要的作用。通过对情境的分析与调整，大多数的挑战行为是可以被消除的。

资源链接

资源 L：课程、小组管理目标和预期结果
这个表格明确列出了有效的班级和学生管理策略、系统教学的预期目标和追踪学生表现的记录。

资源 S：行为支持工具介绍
这是使用积极行为支持工具的简明指南。

资源 R：情境分析表
该图表可以用于比较行为影响因素与学生反应之间的关系。

资源 S.1：散点图分析——样例。S.2：散点图分析——表格
有时，教师可以通过记录一段时间内学生的行为发现学生在一天中某个特定时间的行为模式，并由此消除挑战行为。该表格可以用于分析基于时间的潜在问题。

资源 T：积极行为支持
该表格可以帮助教师分析行为发生的前奏事件和结果，从而帮助减少学生的挑战行为。

延伸阅读

Algozzine, B., Daunic, A. P., & Smith, S. W. (2010). Preventing problem behaviors: Schoolwide programs and classroom practices (2nd ed.). Thousand Oaks, CA: Corwin.

Belvel, P. S. (2010). Rethinking classroom management: Strategies for prevention, intervention, and problem solving (2nd ed.). Thousand Oaks, CA: Corwin.

Koegel, L. K., Koegel, R. L., & Dunlap, G. (Eds.). (1996). Positive behavioral support: Including people with difficult behavior in the community. Baltimore, MD: Paul H. Brookes.

O'Neill, R. E., Horner, R. H., Albin, R. W., Sprague, J. R., Storey, K., & Newton, J. S. (1997). Functional assessment for problem behavior: A practical handbook (2nd ed.). Pacific Grove, CA: Brooks/Cole.

Queen, J. A., & Algozzine, B. (2010). Responsible classroom management, Grades 6 – 12: A schoolwide plan. Thousand Oaks, CA: Corwin.

Sugai, G., Horner, R. H., Dunlap, G., Hieneman, M., Lewis, T. J., Nelson, C. M., et al. (2000). Applying positive behavioral support and functional behavioral assessment in schools. Journal of Positive Behavioral Interventions, 2,131 – 143.

第四章
提高沟通能力

就个体来看,人类是极其脆弱和无力的。我们没有尖牙、利爪、毒物、护甲、硬角、翅膀甚至是毛皮。我们的感官与许多所谓的"较小的生物"相比,依然是非常虚弱而无力的。我们的对生拇指的确很有用,但是看看浣熊,这个著名的附肢又在多大程度上提升了我们的进化等级呢?作为一个物种,我们最有价值的特征可能就是我们可以通过沟通来互相联结。这项礼物让我们可以互相合作,分享经验、印象、技能和知识,从而得以生存。它促使我们超越巨大的生理限制,形成一种群体思维。尽管我们鼓吹个人主义,但我们真正的力量正是在于我们之间的相互依存。

——格兰(2005)

沟通是包含发送和接收信息的复杂过程,我们将其称为表达性和接收性沟通。发送和接收的信息可以有多种形式,包括词语、手势、声调、音调转变以及身体语言,可以用于解释我们独特的想法和感觉。我们所沟通的内容和方式会受到我们独特的个人想法和经验的影响,包括我们的背景、年龄、文化、国籍、信仰、社会经济地位、种族、民族、教育程度、先前经验、性别和观点立场。

大部分人都有过误解他人信息的体验,如"那不是我所说的意思!""麻烦你再说一次"。我们也会想知道我们是不是被误解了,如"我希望他不会想错"。有时,我们也会对信息所包含的真正意思感到困惑,"啊,你的评论究竟是什么意思呢?""可以麻烦你再解释一下吗?"

除了人与人之间通过发送和接收信息的沟通外,沟通还有很多其他形式。我们也会在自己的大脑中自言自语。这种沟通是我们日常生活中的思想、主张和担忧。自言自语可以帮助我们理清自己的感受、制定计划和决定如何回应其他人的信息。这是我们在决定说什么或做什么之前,与我们最信任的知己——我们内在的声音所进行的私人磋商。"在说话之前想一想。"有时,我们说话不经思考,就会犯错误。"我希望我没有说过那些话。"重点在于,沟通是人类经验中的核心。沟通可以让我们彼此联络,克服生活中的种种挑战。

沟通的形式

沟通有很多种不同的形式,每一种都有特定的目的。有用于传播信息的沟通方式主要有两种:一种是基于语言的沟通,另一种是基于肢体动作的符号沟通。

语言沟通

- 口语和书面文字
- 手语

图 4.1 创设沟通的需要

符号沟通

- 肢体语言
- 面部表情
- 符号和手势

尽管自闭症学生经历着相同的核心挑战（如，在对话过程中存在轮替困难和无法联结到他人的兴趣点），但挑战的范围和程度存在极大的个体差异。一些自闭症学生在口语表达方面存在困难，但他们可以使用图片、视觉线索或通过键盘打字进行沟通。另外一些人则以非典型的方式使用语言，保留了早期发展阶段的特征，而另外一些自闭症学生则一直处于重复学习的阶段。一些自闭症学生会一直重复他们从其他地方听到的语言。一些阿斯伯格学生在语言方面仅存在轻微的发展迟缓，甚至发展出了成熟的、有着不同寻常的词汇量、与成人相似的语言，但还是在维持正常对话方面存在很大的困难（Church, Alisanski, & Amanullah, 2000）。

自闭症学生可能可以用正常的语言表达自己的兴趣，但他们会就自己特殊兴趣主题进行单方面独白，而且他们缺乏对听者聆听兴趣的关注，教师会很容易地发现这些学生与其他人不同的地方。

自闭症学生经常难以与同伴进行社会交往，在学校中也可能因为对非语言线索无法正确感知和回应而受到欺负。他们或许能够理解字面意思，但在理解和回应讽刺及声音的声调方面存在困难。在自闭症学生身上，你还可能找到以下特征。

仿说

仿说指对其他人语言立即或延迟的复述。仿说分为两种：立即的和延迟的。立即仿说指，自闭症学生在听到对方的词语之后立即重复。例如，教师说："赖安，你的周末过得如何？"学生也说："赖安，你的周末过得如何？"延迟仿说指在第一次听到词语后的几个小时、几天或几周后才模仿这些语言。当仿说服务于某个功能时，也即模仿被使用在某种情境中时，我们称其为功能性模仿语言。有些延迟模仿语言是无功能的，也就是说，听者无法理解该话语的功能。

仿说的发生有许多原因。其中之一是因为自闭症学生缺乏对情况作出自主反应的能力，所以就使用之前听到的短语表达当下所要说的内容。例如，一个自闭症学生很愤怒，但他无法在情境下合适地表达他的情绪。令人沮丧的情境激发了他在其他时间生气的记忆。由于缺乏表达当下情境的能力，他通过模仿之前情境中的语言表达他当下的感受。当自闭症学生缺乏根据具体情形进行特定反应的能力时，仿说可以成为其进行沟通的有效方式。

也有人认为自闭症学生在表达自己时，是通过从记忆中提取的完整短语，而非选择当下的词语来组成一个更加相关的短语（Baltaxe & Simmons, 1977）。这就解释了为什么自闭症学生的语言是不自然的。自闭症学生忽视了这种情景下可用于进行回应的大量具有细微差别的表达。他们缺乏与交流对象沟通意图的联结。相反，自闭症学生的回应似乎是脱离情景和不连贯的。

独特的兴趣

自闭症学生会倾向于将注意力集中在他们感兴趣的特殊领域而忽视其他活动。这种强烈的兴趣会支配自闭症学生的自由时间，而干扰关系的建立。为了追求自己的兴趣，自闭症学生会积累大量的物品、事实和信息，他们对所感兴趣事情的极端动机和关注会帮助他们成为某个领域的专家。例如，一个自闭症学生会围绕他所感兴趣的遇难船只而发展出大量的相关词汇。他可以将他所知道的关于遇难船只的词汇运用于与泰坦尼克号沉没相关的对话中。许多自闭症学生对他们感兴趣的信息的记忆都很好。

在某些情况下，自闭症学生的特定兴趣可以让其与具有相同兴趣的同伴建立友谊。我们可以通过开发自闭症学生的特定兴趣来发现他们的能力。特定的兴趣可以成为一种触发物或导入其他领域学习的引子。例如，如果学生对飞机有很深的兴趣，那么就可以作为数学、社会性学习和其他学科学习的桥梁。对于那些生活在地震多发地区的人而言，可以借由学生对地震的兴趣鼓励学生开展相关的研究和报告，如有关地震时如何保证安全的研究和报告。

要注意特定的兴趣有可能会发展成为一种痴迷。如果学生沉迷于他的兴趣，你可以考虑设置一些限制。如你可以说："杰夫，你最多可以问两个关于中世纪排水管的问题，然后你需要讨论其他东西。"

从 14 岁到 18 岁，我们的儿子斯蒂文沉迷于用 Knex（一种拼装玩具）积木拼装小汽车。他专门花费了数百小时用成千上万片 3 英寸和 4 英寸的 Knex 积木构建他所特别设计的小汽车。他用修剪草坪、打扫房间、在附近的溜冰场兼职所赚来的钱来买 Knex 积木。随着汽车长度的增加，斯蒂文制作了十分复杂的设计，这些小零件被小心翼翼地连接在一起。唯一一个不是 Knex 的组件是 18 英寸的金属棒，作为汽车的轮轴和手推车轮胎的轮轴。完成后的汽车尺寸大约有 4 英尺长、2 英尺宽。他的创作后续又发生了什么呢？当斯蒂文对 Knex 失去兴趣之后，他把那辆汽车拆散了，然后把成千上万的小积木拿到了慈善超市（Goodwill）捐赠。这就是最后的结果。

非语言沟通和眼神接触

自闭症学生很少使用面部表情、手部动作、眼神交流和身体姿势来辅助他们的言语。手势动作的缺乏会让其他人觉得自闭症学生是粗鲁、对话题不感兴趣或漫不经心的。自闭症学生的反应往往比较平淡，缺乏普通学生身上所表现出的身体姿势和面部表情。

眼神接触会给自闭症学生带来极不舒服的感受。脸对他们而言是一张包含了令人困惑的信号的复杂图形，可能会引发不舒服和焦虑。有些自闭症学生会特意避免眼神接触以促进交流。通过看其他地方，可以将脸从视觉中移除，从而让交流变得更加容易。Luke Jackson（2002）进一步说明了眼神接触给他带来的挑战：

> 有时很难同时听和看。人们有时很难意识到他们的话语通常是很神秘的，他们的脸总是在转动，他们的眉毛上下动，他们的眼睛时而张大时而眯着，我无法一下子完全理解这一切，老实说我甚至都没有尝试过。(p.71)

问题出现在，权威人士将自闭症学生回避眼神接触的行为当成是一种不尊重其他人的表现。教师皱起眉头,提高嗓门说:"当我跟你说话时,请看着我!"殊不知,正是由于缺乏理解,教师正在让自闭症学生的情绪开始变得激动。

研究者近期发现了注意力分散和不安可能会扩展到大脑中的恐惧机制。威斯康星大学麦迪逊分校的大脑测试表明,自闭症学生回避眼神接触是因为即使是最熟悉的面孔对他们而言也是一种不舒适的威胁。通过跟踪眼球运动与大脑活动之间的相关性,研究者发现,当自闭症被试直接凝视一张无威胁的脸时,他们大脑中与负面情绪相关的情绪中枢——杏仁核会被激活(University of Wisconsin-Madison, 2005)。

换位思考和移情

换位思考和移情可以帮助我们理解、内化和回应他人的想法和情绪(Premack & Woodruff, 1978)。一个青少年可能可以想到:"我最好的朋友因为和她的男朋友分手了,所以很伤心。我为她感到难过。"普通发展儿童可以想到他们朋友的想法和感受,对朋友的情绪表达同理心。他们可以从别人的角度思考问题。最开始的能够理解他人的感受和情感是友谊发展的基础。它是连接人与人关系的种子。

自闭症学生无法像普通发展学生一样想到同伴的想法和感受(Baron-Cohen, 2009)。他们对如何回应另一人的情绪感到困惑

图 4.2 探索感受

(Grandin, 1995)。他们会留意到某个人正在哭,也可以明白他/她很难过,但是他们不知道为什么或不知道如何安慰其他人。

系统和规则驱动

"对人的兴趣缺乏,而对物品更加好奇。"

——居里夫人(1939)

自闭症个体的行为具有较高的可预测性。他们被驱动着构建了一个基于规则结构的世界,当每次的结果都一样时,他们会感受到极度的快乐。这就解释了为什么对于自闭症学生而言,移情和换位思考是如此的具有挑战性。情绪的发生并没有什么规律。不同个体的情绪的发生是无法预测的。情绪是抽象和极其多变的。

自闭症研究领域的专家西蒙·巴伦-科恩认为自闭症个体倾向于将他们的世界组织成系统。系统化驱使着系统的分析和构建。系统的定义在于其遵循一些规则,确定管理系统的规则,就可以预测系统的行为(Baron-Cohen, 2009)。系统的例子包括数字系统(如,火车时刻表)、技术系统(如,计算机程序)、自然系统(如,潮汐波的模式)、具有收藏价值的系统(如,硬币分拣系统)和道德系统(如,行为准则)。自闭症学生知道叙述事实是一种规则,并认为每个人都在叙述事实。他们会对其他人并不总是表达他们真正的意思感到十分震惊(Baron-Cohen, 1992, 2007)。根据巴伦-科恩(2009)所写的:

> 系统化是自闭症个体兴趣狭窄、重复行为、抗拒改变或需要同一性的原因之一。这是因为,当你开始系统化时,最简单的方式是保持所有的东西不变,每次只改变一件事。这样你就可以明白什么样的原因可能导致什么样的结果,从而让世界变得更加可预见。(p.72)

如果他人的观点与自闭症学生严格的、以规则为基准的秩序感不符,那么自闭症学生将很难理解他人的观点。潜在的朋友与自闭症学生之间的关联很少。在尝试交朋友的过程中,无法理解不同观点给自闭症学生带来了许多障碍。缺乏观点采择的能力会导致自闭症学生对同学的需要比较不敏感。这种脱节会导致自闭症学生感到沮丧和愤怒(Frith, 2001)。格兰丁和巴伦(2005)曾写道：

> 正常发展的个体会认为,这是一种"无能"的表现或是对那些诸如"把脚放进嘴巴"的行为一笑而过。正常发展的人会注意到那些在社会交往过程中好像不大对劲的非语言线索。身体语言、声调的转变或是沉默都会快速地提醒他们,他们可能做错了什么事情,并且最好赶快进行补救。观点采择能力较弱和具有僵化思维模式的自闭症学生甚至可能会错过整个非语言交流的世界。(p.288)

当你为自闭症学生提供支持服务时,应确保避免妄自断定自闭症学生是不敏感和不在意的,因为他们可能只是没有意识到。谨记,就像其他自闭症特征一样,共情和观点采择在自闭症中也存在很大的个体差异。

沟通挑战

尽管自闭症学生的语言及沟通方式是多样化的,但所有自闭症学生都存在沟通方面的困难,尤其在社会互动的情境下。以下列举的是一些会给自闭症学生带来沟通困难的行为表现：

- 倾向于发表与主题无关的评论以及中断对话。
- 在与他人进行商谈时,使用不适宜的音量、语气和速度。
- 围绕着自己感兴趣的特定话题进行单独的独白,而没有考虑其他人的兴趣水平。
- 在理解复杂语言、遵循指示和解读具有多重含义的词语方面存在困难。
- 在听长串口头指示和多步指引时会失去所关注的焦点。
- 在做开场白时可能会听起来不自然或脱离情景。
- 在对话轮替以及指导、何时及如何回应、中断或改变话题方面存在困难。

- 无法理解隐喻、修辞和双重含义。
- 通常无法理解笑话和其他形式的幽默。
- 天真：根据建议做事情而不考虑后果。
- 按照字面意思进行理解……如不能"读出字里行间的意思"。
- 误解他人的情绪。
- 不够机敏，只表达他/她自己的想法而不考虑对听者的影响。
- 在判断社会距离和适当的肢体接触方面存在困难。站得离听者太近或太远，以及不恰当的拥抱。
- 没有意识到公共行为和私人行为之间的区别。可能在其他人面前触摸或抓挠隐私部位。
- 很难理解对话中不成文的规定。当自闭症个体学会了一个规则后，他/她对该规则的执行会过于严格。

沟通干预

理解自闭症学生独特的心声

为自闭症学生提供支持必须从理解个体的沟通模式（方法）开始。对于一些自闭症学生，适切的目标是通过语言运动训练，结合在自然情境中的互动练习提高其口语沟通能力。对于其他自闭症学生，发展手势沟通（如手势语言）是最佳的目标。辅助沟通系统（AAC）可以为存在言语限制的自闭症学生提供一个有效沟通的途径。辅助沟通系统是通过图片和符号交流板及电子设备帮助学生表达自己。学生按下预先编程的按钮后会出现符合学生需求的常见短语。辅助沟通系统可以帮助增强自闭症学生的社交互动、学校表现和自我价值的感受。

图 4.3　被理解的需要

创造沟通的机会

为自闭症学生提供与教师及同伴交流的机会是增强他们的沟通及社交技巧的关键。将自闭症学生安置在普通教育环境中,可为他们提供持续的机会以观察普通发展的正常同伴,与同伴互动,以及向同伴学习。

研究表明:与在训练室或隔离教育环境中接受语言教育的自闭症儿童相比,在与普通发展学生共处的自然、与年龄相符的环境(普通教育教室)中的自闭症学生能做出适当评论和回应的比例更高(Koegel & Koegel, 2006),而且破坏性行为减少(Koegel, Koegel, & Surratt, 1992),学业成绩得到提升(Dunlap & Kern, 1993),自闭症特征行为表现减少(Baker, 2003; Baker, Koegel, & Koegel, 1998)。

在这方面,提升自闭症学生的沟通技能所需使用的策略一般无法从治疗室中简单复制。两个人之间的对话通常是自发开始的、无计划性的,从某个时刻开展,高度依赖于当时的情境。教师可以通过在不同情境(如教室、走廊、食堂和图书馆)中鼓励活跃的讨论,来为自闭症学生与同伴之间的交流创造机会。

为自闭症学生提供支持,教师需要理解他们的心声和沟通风格。当自闭症学生无法表达自己的想法和需要的时候就会变得焦虑。想象一下,如果你无法使用正常的语言表达,你该有多么沮丧!思考一下,我们每天会碰到多少需要我们使用复杂的语言的情况,而如果我们不能沟通自己的想法,那将会发生什么样的事情呢?不被他人理解是一件十分令人沮丧的事情!

缺乏有效沟通方法的自闭症学生,可能会采用扰乱课堂的行为来表达他们的需求。相较于通过解释使他/她烦躁的原因来抗议一个无法忍受的情境,自闭症学生更可能会表现出情绪失控以及不恰当的行为(Laurent & Rubin, 2004)。

语言病理学家可以与学生的家庭和教师讨论,在发展更能被接收和可信赖的沟通系统的过程中,为自闭症学生寻找适合的替代方案。

实际的帮助策略

- 当发生沟通错误时，用清晰的期望和合适的模式进行回应。让自闭症学生重复回答。
- 在他们碰到问题的当下，明确教导他们相应的社会规则。
- 教导正常同伴在社会互动过程中如何正确回应自闭症学生。
- 以其他学生为榜样，向自闭症学生示范应该如何说话和做什么。教导同伴向自闭症学生作出正确的解释，即为什么这样的模式是对的。
- 鼓励开展合作游戏。
- 在午餐和休息时间为自闭症学生提供指导和支持。监控从远距离、易受影响的部分过渡到与成人接近、会带来消极效果的部分。
- 在非结构性的时间中，运用同伴支持帮助自闭症学生。
- 为自闭症学生示范如何开始、保持和结束对话。
- 鼓励学生之间的合作和分享。
- 帮助学生学会监控自己的沟通过程。
- 帮助学生直接构建特定的沟通技能，并在实际事件中进行练习。
- 提前计划与同伴的见面，以及提前想好期望达到什么目标。
- 教学生如何使用互联网即时信息（IM）和用手机发短信。
- 如果有需要，了解学生想要告诉别人的内容，帮他/她寻找自己最喜欢的用词，帮他/她提前练习自己所要说的内容。
- 教会自闭症学生在回答同伴的问题的同时注意不要泄露自己的隐私。

支持口语能力有限的学生

正常学生是熟练的沟通者，可以使用高级的沟通技能使他们的需要得到满足。当他们不喜欢的时候，他们可以表达出来。他们有能力进行口头抗议，并解释他们烦躁的原因。如果你曾经和一个青少年争论过，你就会明白这点。

有语言障碍的自闭症学生经常通过行为，而不是通过语言进行交流。由于缺乏一种可靠的交流方式，自闭症学生可能会通过身体姿势表达沮丧。他/她可能会开始摇摆身体、拍手、哼唱或开始仿说。如果学生发现一个情景或一个人无法忍受,而且无法通过让他人理解的方法来表达情绪时,那么学生可能通过尖叫或扔东西来表达愤怒的情绪。教师需要特别注意行为背后的原因。就如我们在第三章所阐述的,挑战行为是学生需求未得到满足及无法使用沟通来解决问题时的一种表现。

与自闭症学生共同进行活动时,要观察他/她的表达方式。观察他/她如何回应同伴,如何获得他/她所需要的或者抗议他/她所厌恶的东西。识别与情绪相关的行为征兆,采取必要的步骤防止情绪升级。了解学生沮丧和生气的信号。情绪发作可以通过预测潜在的沮丧情形加以避免,这样学生的尊严就可以得到保护。积极提供和推进交流机会就可以促进友谊的形成。除非有他人帮助促进与同伴的交往,否则,无语言能力或语言能力有限的自闭症学生将会忽视与同伴交流的机会。教师应鼓励和协助正常同伴帮助解释和促进自闭症学生参与到对话中。这样,随着时间的推移,自闭症学生的沟通能力会有所提升。

> **自闭症误识**
> "自闭症是可以被治愈的。"
>
> **事实**
> 以上观点是错误的;有很多干预方法可以提升自闭症患者的能力,但目前还没有治愈自闭症的方法。

普通发展儿童会通过聆听的方式参与到他们同伴团体的对话中,然后在持续的对话中加入他们的声音和观点。而对于无语言能力的学生来说,如果没有他人的协助,是无法做到这点的。教师可以在持续的对话或活动中扮演一个翻译者。教师可以提供很简单的支持,如让一个朋友和本一起去吃午餐。当在走廊里碰到其他同学时,教师提醒本说:"嗨,我觉得你旁边的那个女孩真的很可爱!"当自闭症学生与普通发展的同学结伴活动时,学习和练习沟通技能的机会会显著增多。通过这些机会普通发展学生也会逐渐了解和欣赏自闭症特质标签背后的同伴。

理解他人的感受是沟通和发展友谊的关键。如果同伴无法理解口语沟通能力有限的学生,教师则需要帮助学生向同伴解释。例如,当一个学生问为什么本不能说话时,就开启了关于本是如何不通过词语来"说话"的讨论。本的老师鼓励本的同伴思考一个人可能通过其他什么方式来表达生气、难过或高兴,这正是教导儿童如何识别出自闭症学生正在尝试进行沟通和帮忙搭建理解的桥梁。

有关自闭症学生的问题可以被视为给普通发展同伴提供与自闭症相关信息的机会。至关重要的是，学生之间的相似之处是超出诊断类别之外的。例如，你可以解释说，本不会说很多话，但是他喜欢游泳，并且精通电脑游戏，就像其他学生擅长问问题一样。或者，你也可以主动说出本的哥哥刚过完生日，然后就可以开启关于大家的兄弟姐妹的讨论。

辅助沟通系统

一些学生可以从辅助沟通系统中获益。辅助沟通系统技术可以帮助学生采用多种模式表达，包括图片和符号的沟通、沟通板和电子设备。有两种主要的辅助沟通系统可以用于自闭症个体，包括无辅具沟通系统和有辅具沟通系统。无辅具沟通系统指不需要设备辅助而需要依赖身体（使用如手指语、手势语之类的）进行沟通；在有辅具的沟通系统中，低科技的包括图片系统（如，图片交换沟通系统）、沟通书和语音产生装置。通过预编程序的按钮，当按下按钮时，会产生一些与学生需求相对应的常见短语。另外，还有其他的辅助技术，比如便携式文字处理程序，其可以支持有效的书面表达。通过减少挑战行为，辅助沟通系统可以增加学生的社会互动，改善学生的学校表现和自我价值感受（Mirenda, 2001）。

手机和短信

大部分青少年都会使用电话与他们的朋友和家人进行沟通。短信也已超越面对面聊天、电子邮件、即时通讯以及打电话，而逐渐成为了青少年与朋友联系的主要方式。

具有短信功能的手机对青少年而言是适龄的，在社交上被接收和便携的设备，可以很容易在学校和社区中的各种情况下使用。它们为自闭症学生提供了一个与家人及同伴进行交流的很好方式。手机的使用没有社会歧视，可以促进自闭症青年发展以适龄的方式与他人进行联系的能力。霍克、泰勒与罗德里格斯证明了手机技术为自闭症学生提供了一个有需要时在公众场合寻求帮助的方法（Hoch，Taylor，and Rodriguez，2009）。

新兴技术

苹果公司的 iPad 和 iPhone，以及类似的触屏便携式设备，可以为自闭症学生进行有效沟通提供更多的可能性。开发人员正在努力推进这项技术的应用。例如，应用程序 iMean 可以将 iPad 屏幕变成一个大型的键盘，并带有文本输入和词语预测的功能。它可以让言语能力有限的学生直接、清晰和独立地表达他们的需求和想法。

预先计划的沟通本

对于口语能力有限的学生而言，使用图片册子来开启与同伴的对话是一种有效的方法。学生可以从家里带来一本小相册，相册里有各种各样的照片，如家人一起度假、宠物或家庭活动（如过生日）等。这些照片可以作为与普通发展同伴之间对话交流的起点。很多时候，同伴通过这些交流会发现他们与自闭症学生之间有很多共同点。这种认识形成了友谊发展的基础。

图 4.4　可手持的图片手册

图 4.5 对话支持手册

图 4.6 分享感兴趣的主题

这里可能会形成一个场景：自闭症学生带着图片书去吃午餐。在路上，两个正常同伴叫住自闭症学生，说到："嘿，本，你拿着什么？我可以看看吗？"本给他们展示第一张照片。同伴指着照片问："这些照片是在哪里拍的啊？"本回答说："迪士尼。"同伴回答说："噢，你去过迪士尼？我的家人也去过！太酷了！""和你一起拍照的人是谁？"本回答："我的哥哥亚当，我妈妈苏珊，我爸爸阿曼多。"然后对话继续，他们继续聊一系列的照片。沟通本很便宜而且也很容易使用，我们可以用新的照片替换旧照片，然后又可以产生新的对话。

帮助同伴与自闭症学生互动

对自闭症学生而言，与正常发展同伴之间的人际沟通是很有挑战性的。帮助同伴理解自闭症学生的沟通模式，但不要干扰到他们之间自然的活动。以下是需要考虑的事项：

帮助同伴学习理解自闭症学生沟通的语言和符号形式。为同伴提供关于自闭症学生面部表情和肢体语言意思的明确信息。有时，自闭症学生待在同伴的身边而没有跑开就是一种表示想要与同伴进行互动的信号。寻找这些信号，帮助同伴理解，然后在逐渐减少你的帮助。例如，如果胡安通过发出声音和摆动身体来表达快乐的心情，把这样的信息告诉胡安的同伴，这样他们就能正确地理解胡安的行为。

提醒同伴直接和自闭症学生说话，而不是通过成人来转达。帮助同伴理解自闭症学生的回答。这需要借助解释与身体动作模型。例如，扎西科可能会走过来说，"你觉得艾米现在想要出去吗？"你可能会回答说："我不知道。你为什么不问她呢？"然后，如果有需要你可以帮忙解释艾米的回答。

帮助学生在讨论和做选择时把自闭症同学一起纳入进来。自闭症学生经常被误解。他们的偏好并不总是清晰的。我们需要帮助他们独立决策。鼓励同伴观察自闭症学生口语和非口语信息，以及帮助他们用这些信息来指导他们的行动。

鼓励正常发展同伴把自闭症学生当做普通同伴一样，回应他们的互动。如果同伴不告诉自闭症学生，他们将永远不可能学会哪些话不能说。当自闭症学生可以从与同伴的自然互动中学习时,他们也正在发展独立的能力。

诱发沟通

诱发沟通包括创造情境促使自闭症学生进行沟通。自闭症学生需要作出回应以解决问题或获得某些东西。每一种情境都应该考虑个体的情况,以及了解学生潜在的焦虑水平。我们的目标是创造需求情境以促使自闭症学生进行交流,而不带来额外的非必要压力。如果能运用对自闭症学生的全面了解并以合理的形式开展,诱发沟通活动将可以有效增进自闭症学生的沟通。

- 让自闭症学生参与熟悉的日常活动,如使用电脑。然后干扰活动的进行(如,把电脑关掉),等待自闭症学生主动表示抗议。
- 在自闭症学生面前吃一份他/她想吃的食物,却不分享给他/她。
- 把材料分给班级中的每个同学。从自闭症学生的身边走过,却不给他/她材料。要确保自闭症学生的同伴了解你的计划,这样他们就不会干涉计划的进行。
- 开始播放一段自闭症学生最喜欢的视频,播放 5 分钟,然后直接关掉视频不作解释。
- 让自闭症学生参与一项活动,活动中的材料容易洒落或掉下、被弄坏或撕裂。突然将自闭症学生桌子上的物品弄洒,然后走开,观察和等待自闭症学生的反应。
- 给自闭症学生一个他/她不喜欢的食物或物品。
- 把自闭症学生所要的东西放在一个他/她打不开的干净容器里,然后把容器放在自闭症学生的面前,等待学生的反应。
- 让自闭症学生参与需要材料的小组项目。在自闭症学生开始构建时,给他/她一个与项目无关的材料,不做解释。
- 给自闭症学生一些完成活动所需要的物品(如,剪刀、温度计和秤),但把物品放在学生拿不到的地方,等待自闭症学生的反应。
- 让自闭症学生参与一个需要使用物品(如,铅笔、剪刀、订书机和计算器)完成的活动。让一个同伴过来拿走这个物品,然后走到教室的另一边,但在自闭症学生的视线内拿着这个物品,等待自闭症学生的反应。

鼓励自闭症学生学会独立

自我决策行为可以提高自闭症学生的自尊心。自闭症学生在从经验中学习的过程中,可以练习控制自己的行为,这也有助于提高自闭症学生在同伴眼中的形象。自闭症学生会被认为是有能力从错误中学习的。

当自闭症学生被允许外出、犯错、自己找到解决方法以及根据自己的情况选择如何回应他们的同伴时,会出现许多自然学习的机会。这不就是我们在与朋友游戏中成长的方法吗?在与朋友游戏时,我们并没有妈妈或老师在我们的身边,告诉我们如何做或说哪些话。我们只是在一起玩,讲一些傻笑话,谈论总喜欢与我们说话的邻家女孩。支持是很重要的,但让自闭症学生自己决定和谁一起玩也是十分重要的。

如果成人不断地在自闭症学生周围徘徊,很可能会使他们错失与其他学生交流以及从他人身上学习的机会。随着同伴更愿意和更熟练地与自闭症学生进行互动,自闭症学生的回应也会增加。一个近距离陪伴的成年人会成为沟通和友谊形成的障碍(Malmgren & Causton-Theoharis, 2006)。如果可能的话,成人可以置身事外,让学生间发展出自然的互动。

罗伊斯的故事

罗伊斯在学校的第一周几乎没有说过话,学校职工对这件事也十分谨慎。来自小学的报告中详细描述了罗伊斯针对学校职工和其他学生的暴力行为模式,包括将在教室里扔东西、咬人、踢人和尖叫。为了防止罗伊斯在教室里扔椅子,他之前的老师在椅子的脚上绑了重物。

我们要如何帮助罗伊斯消除这些暴力行为模式呢?我们针对罗伊斯暴力行为背后可能的原因进行了集体讨论,想法主要集中在他之前教室环境的设置,一个专为自闭症学生设立的隔离教室。自闭症学生与普通发展同伴共同参与活动的机会极其有限。罗伊斯主要的接触对象是其他自闭症学生和不喜欢他的助教。很明显,罗伊斯需要与普通发展同伴沟通和交往的机会。他需要离开隔离的环境。

我们开始将罗伊斯安置在有教职员和同伴支持下的普通教育环境。我们使用罗伊斯的父母准备的沟通本安排了会面。罗伊斯积极回应了这些互动。他讲述了沟通本中的图片细节内容。他乐于与普通发展儿童分享。我们发现他特别喜欢女生。我们采用了诱导沟通的方法,还发现了罗伊斯有一定的幽默感。因为罗伊斯对面对面的交流感到不舒服,我们用了一台笔记本电脑来传递和分享信息。罗伊斯与同伴并排坐着,通过来回发送信息进行沟通。从这些交流中,我们了解了许多罗伊斯的兴趣和爱好。这些信息为开展对话提供了更多的话题。我们了解到罗伊斯喜欢钓鱼,在一次家庭度假中罗伊斯钓了7条鳟鱼,而他的弟弟只钓了1条。我们打电话给罗伊斯的母亲,告诉她罗伊斯与我们分享的内容。她很震惊,我们竟然能通过打字的方式了解这么多罗伊斯的信息。

我们了解到罗伊斯需要一种降低触觉敏感的方法,因此我们让罗伊斯参与普通的体育课。在广场中跳舞的环节中,我们对女生同伴进行了培训,以使她们在广场跳舞排练中学会采用策略帮助罗伊斯,找到解决他触觉敏感问题的方法。这个策略成功帮助罗伊斯降低了他的攻击行为发生率和触觉敏感性。

我们从罗伊斯身上学习到了很多。与普通同伴互动的机会,再加上不那么严格的环境设置为罗伊斯提供了他所需要的:社交互动的体验和获得一些与普通发展同伴相同的经历。在学校的第一个月后,罗伊斯没有再扔过一次椅子。在2月,罗伊斯的妈妈告诉我们罗伊斯第一次想要办生日聚会。以前过生日时妈妈问罗伊斯是否要办生日聚会,他都说不要。在罗伊斯13岁生日时,我们都聚集在一家保龄球馆,一起吃蛋糕、打保龄球。除了他的爸爸妈妈,他的祖父母、弟弟、叔叔和阿姨们及他的几个同学也都参加了聚会。这个聚会今年是第一次举办，以后每年都会举办，参与的人数也会变得越来越多。

小结

　　对于许多自闭症学生而言，沟通是一个重要的问题。沟通问题在范围和程度上存在较大的个体差异。一些自闭症学生可以使用口语，但在日常对话的轮替方面存在困难。另外一些自闭症学生在生活中总是保持沉默。缺乏可靠的沟通方式往往会导致一些自闭症学生采取不恰当的方式表达他们的需要。当碰到挫折时，他们可能通过身体动作来表现，因为表达需求所需要的词汇不见了。这会带来糟糕的后果，他们可能会被误解，甚至完全得不到他们生活中的成人和同伴的理解。

　　重要的是，我们要意识到沟通能力不足会影响其他方面的发展。因此，当我们帮助自闭症学生构建他们的沟通系统时，我们还需要帮助学校成为存在较少挑战和挫败的地方。教师必须帮助自闭症学生不断寻找与同伴进行沟通的机会。这就要求教师了解学生表达自己的方式，以及观察和倾听学生与同伴进行交流的过程。

　　沟通是一个涉及多层次信息输入的复杂过程，包括不同形式的词、手势、语调和肢体语言。我们越能够较好地搭建沟通的桥梁，学生表现出不适宜行为的频率就会越低。

　　沟通桥梁建设的一个重要部分是教导普通发展同伴和教职员工除了解自闭症障碍的诊断特征外，进一步了解自闭症个体的兴趣、才能和能力。这是两种交叉的取向：个体中心的信息与自闭症障碍的特质，这将有助于揭开自闭症诊断的神秘性，使他人更理解自闭症学生与同伴及成人的关系。研究表明，当同伴了解到自闭症学生与他们有共同的兴趣和个性后，他们就更加能够接受自闭症学生（Campbell，2007）。

　　最后，理解自闭症学生在观点采择和同理心方面的困难。当你与其他人接触时，你可以理解他们的想法和感受，从而建立一个令人满意的个人沟通渠道及友谊的关系。自闭症的个体则需要在他人的支持下才能学习了解他人的想法和感受。在此基础上，其沟通和社交意识才可以得到发展。请记住这个重要的概念,与自闭症学生一起去理解他人。

资源链接

资源 A-J:融合支持资源
这些评估蓝图有助于教师在学校的跨情境环境中评估融合实践(如,普通教学课堂、体育课、休息和午餐时间)。此外,该蓝图也对教师、助教和支持人员的角色和责任进行了定义。

资源 L:社交参与观察图表
这个有用的图表可以帮助你评估不同环境中的社会互动。易于理解的编码系统确保了教师可以随着时间发展进行准确的记录。

资源 M 和 N:学生在普通教育环境下的参与性评估
这张表格主要从几个方面跟踪自闭症学生在课堂中的行为表现和社会技能,教师在思考什么情况下自闭症学生会面临挑战时,可以使用这些有用的工具。

延伸阅读

Farrell, S. C. T. (2009). Talking, listening, and teaching: A guide to classroom communication. Thousand Oaks, CA: Corwin.

Gangwer, T. (2009). Visual impact, visual teaching: Using images to strengthen learning (2nd ed.). Thousand Oaks, CA: Corwin.

Goldstein, H., Kaczmarek, L. A., & English, K. M. (2002). Promoting social communication: Children with developmental disabilities from birth to adolescence. Baltimore, MD: Paul H. Brookes.

Koegel, R. L., & Koegel, L. (2006). Pivotal response treatments for autism: Communication, social & academic development. Baltimore, MD: Paul H. Brookes.

Young, S. B. (2010). Teaching with the tools kids really use: Learning with web and mobile technologies. Thousand Oaks, CA: Corwin.

第五章
友谊和归属感

> 对我来说,高中是一段很痛苦的时期。我就是一个被所有的"酷"孩子嘲笑的怪人。每当我穿过停车场的时候,他们都会对我大叫"骨头",因为我骨瘦如柴;还会叫我"录音机",因为我总是自言自语。
>
> ——葛兰汀(转自莱德金,2002,p. ix)

友谊与归属感对学生的发展至关重要,是形成健康的自我概念的基础。回想自己的成长经历,我们大多数人对初、高中时期记忆深刻,在这段时期我们会敏锐地意识到自己与他人的关系。我们想要很酷,想要融入其中。我们对自己的外表和同伴对我们的看法很敏感。我们参加学校和社区的活动并通过这些方式结交朋友。那些传递快乐和愉悦的同龄人吸引着我们。他们乐观热情的性格使得他们"乐趣无穷"。当他们对我们感兴趣后,随着时间的推移,牢固的纽带就发展出来了,在某些情况下,纽带在毕业后还会持续几年。

对于被诊断为自闭症的学生来说,他们的学校经历则是不同的。很多人努力去交朋友,却常常感到孤独。当分享经验和结交朋友的机会有限时,学生就错过了社会世界中最令人兴奋和最有价值的机会:通过大量的个人研究和自我发现,获得有关建立和维护关系的专门技能(Gutstein & Whitney, 2002)。

研究表明,持续的同伴关系对青少年的生活具有重大影响。通过这些关系,青少年能够锻炼和改善社会技能,共享活动,享受友谊,学习同

图 5.1　促进接纳和归属感的形成

伴规范和价值观(如 Hartup，1999；Rubin，Bukowski，& Parker，1998)。随着年龄的增长,学生与同伴的交往时间越来越长,同伴交往对青少年发展的影响也越来越大(Hartup & Stevens，1997)。因此,教育研究者将青少年友谊发展视为融合教育的重要组成部分。

　　尽管正常的同伴关系很重要,但是没有支持性的学校文化,自闭症学生也不能享受到他们所需要的丰富而充实的社会生活。除了自闭症学生特定的挑战外,许多在态度方面和体系上的障碍也会阻碍自闭症学生建立有意义和长久的友谊。

　　本章的目的是帮助提高教师对阻碍自闭症学生在普通学校班级中发展友谊的现有障碍的认识,探索有助于解决这些障碍的策略。虽然我们不能强迫学生之间产生友谊,但是我们可以帮他们创造体验友谊和接纳差异的条件。我们可以发展一种学校风气,让整个学校共同体——学生、老师、管理者、职工和家长——在接受和理解的氛围中分享彼此的培养目标。

发展友谊的障碍

为什么这么多自闭症学生很难交到朋友？我们明知道在我们心中，自闭症学生是可爱的，但为什么他/她的同龄人不能看到这些品质，进而和他/她成为朋友？

塔西和罗塞蒂(2004)的研究表明："这个问题是态度和教育障碍的副产品，这些障碍就是继续将特殊学生普遍视为永久接受帮助的对象。诸如"不幸"、"低功能"、"贫困"、"特殊"和"残疾"之类的描述，就是在继续延续这一观点。学生被不公平地看作是悲剧的，或者是被诊断为"患病"的少数人。出于同情，人们对他们就有了不平等的待遇和降低的期望值。

尽管学校正在真诚地希望结束许多学生所经历的这些错误观念和社会隔离，但很多学校还是存在支持这些广泛的误解的倾向。自闭症学生还是被隔离而成为单独的群体，学校并未寻求通过分享兴趣和共同经历的方法，让自闭症学生和正常学生可以相互联系起来。友谊发展仅限于保持不平等关系的"伙伴俱乐部"。正常学生形成了一种"我是有能力的、只要你和我在一起，我都会一直帮助你，永远的可怜人"的态度(Kunc & Van der Klift, 1994)。

特殊学生坦白地表示，学校的很多教育实践，包括学校所考虑的融合，都给友谊发展创造了象征性的障碍。研究表明，拉出服务的持续使用、隔离安置和过度依赖成人，这些都会导致学生在同伴眼中更加污名化(Broer, Doyle, & Giangreco, 2005)。如果我们理解这些障碍发生的原因，并利用策略减少这些障碍，我们就能帮助自闭症学生克服障碍，发展有意义的人际关系。

成人过度亲近的不良影响

学生很重视他们的个体独立性，尤其是在初高中时期。他们希望成为同龄人眼中的有能力者。来自成人的过多帮助就是妨碍其友谊发展和独立的一种阻碍力量。

研究表明，课堂上一个过分溺爱的成年人的出现，会损害学生的独立性和自尊。过度依赖成人的支持会成为自然的同伴互动的一个象征性障碍,会在无意中剥夺学生独立和自我决定的权力(Giangreco & Broer, 2007; Giangreco, Yuan, McKenzie, Cameron, & Fialka, 2005)。助教必须在平衡他们提供直接支持的意愿和学生的权力后,再确定他们提供支持的方式和时间。

教授学业内容不能影响学生的独立性和自我决定能力的提高。学生不能以损失自尊为代价来获得帮助。我们不应该从学生那里夺走决定是否需要帮助,何时何地需要帮助,需要谁帮助的权力。如果成年人一直徘徊甚至坐在学生身边,那么学生的自立能力和个人责任感就很难得到发展。

图5.2 过分热心的支持

我们来研究一些文献中的与助人者—受助者陷阱相关的问题。詹格雷科等(1997)对成人支持在多个学校和课堂环境中的作用进行了重点研究,观察到以下无意的有害影响:
- 当助教接近学生时,同伴通常会拒绝与该生进行直接接触。
- 助教通常会让学生远离正常同伴。他们会与学生一起提早离开班级,这阻碍了学生更多的社会交往。
- 过度帮助学生,这意味着鼓励学生自己做的机会逐渐变少。最后,学生会变得很依赖成人,对成年人的依赖会超过必要的程度。
- 助教经常干扰同伴互动,打断学生和同伴之间的对话,并控制着小组活动。最后,同龄人就形成了支持可怜和无能学生的观念。
- 助教经常采取分散式的课堂教学方式,特别是在整个小组活动中与受支持的学生进行交替活动时。

詹格雷科和道尔的研究(2004)表明:

缺乏专业知识的辅助人员的支持和过度的帮助会干扰同伴关系的建立和适当的个人控制的形成。不当或过度地依赖辅助人员会让学生在课堂上被孤立,这会带来孤立的学生辅助关系以及不健康的依赖关系。(p. 187)

詹格雷科等(1997)发现当助教不在教室的时候,同伴更倾向于"填补助教空出的位置"(p. 13)。

教师应鼓励助教帮助学生寻求同伴的自然化帮助而不是直接支持学生,应使他们注意到成人过度亲近的有害影响,帮助助教找到能给予自闭症学生适合的同伴支持的学生。要注意,一旦联系建立,就要时刻监督进展,鼓励关系的持续发展。

拉出服务

许多自闭症学生正在接受实用语言和社会技能的培训,这可以帮助他们克服残疾带来的沟通挑战。这些服务被称为拉出服务,因为学生要离开教室接受干预。当拉出服务干扰了课堂活动和同伴互动时,问题就出现了。

当学生被拉出课堂接受服务时,他/她就错过了与同学一起参与的活动。当他们从服务中回来,重新加入课堂时,他们对错过的课程一无所知。他们的同学想要知道"他/她刚才去哪了?"同时会讨论可能的原因。一个同学说"我不知道"。另一个就会说"他/她去上他自己的课了"。当这个学生回来时,他/她的同学被要求向学生说明错过的任务,同时也会想他为什么一开始离开了。或者,助教会将这个学生拉到一边单独给予他帮助，这将会使学生的污名化更严重。

　　研究表明，在拉出课程中所教授的技能并不能都推广到课堂环境中(Gutstein & Whitney, 2002; Handleman, 1999; Mesibov & Lord, 1997)。毫无疑问，相对于临床环境，研究人员更喜欢在自然环境中进行社交技能培训。研究者(Gutstein & Whitney, 2002)指出，"如果不在有意义的范围内进行教学，技能就很难在临床环境之外的地方得到'坚持'和推广"。尽管自闭症学生参加了社会技能培训，但距离他们形成有意义的友谊仍然遥遥无期。学生的社会地位一如既往，仍处于孤立和受同伴欺负的危险之中。

图 5.3　拉出服务

　　研究表明，遭遇社会孤立的儿童在成年后可能会出现心理健康问题(Koegel & Koegel, 2006)。在课堂上把学生与其他同学分开，即使是短暂的时间，也会适得其反，当嵌入式服务可以在课堂上进行时，更应该避免这种做法(Rao, Beidel, & Murray, 2008)。

　　社交技能训练的最终目标是让儿童在自然的社交环境中进行适当

的互动(DiSalvo & Oswald, 2002)。在自然环境中的训练实践允许儿童与不熟悉的成人和儿童练习,这将促进其发展出适合其年龄的友谊(Beidel, Turner, & Morris, 2000; Krasny, Williams, Provencal, & Ozonoff, 2003)。

教师和相关的服务专家可以共同努力,以确保实用语言和社会技能培训能够嵌入普通教育课堂。重要的是,教师要意识到拉出将给课堂共同体中全体成员造成障碍,因此要尽可能地探索替代方案。如果你的学生正在经历过度的拉出,请与特殊教育教师或相关的服务专家进行讨论。

课堂分组和同伴认知

避免将自闭症学生安排坐在一起或分在一组。当学生的大部分社交时间花在与其他自闭症学生相处时,那么其与正常同龄人的社会互动的机会就减少了。

对于被诊断为自闭症的学生来说,隔离安排对他们的发展十分有害。将自闭症学生安置在一起,会强化他们的挑战行为,加重自闭症症状。用自闭症领域的首席研究员菲利普·斯特兰博士的话来说,"这样的安排对孩子的发展是'有毒'的"(Strain, 2008)。

下面的经验帮助我巩固了我对自闭症青少年融入社会的重要性的信念:

> "看看这张照片!他们不可爱吗?"我们的同事微笑着,跟我们分享了一段特别的回忆。我拿着的3×5的照片上有两个4岁的男孩,他们坐在一辆手推车上。这张照片是几年前在一次去南瓜地的学前旅行中照的。詹姆斯和安迪都患有自闭症,现在已经开始上七年级。看着这张从前的照片,我想知道,这些孩子从幼儿园起就一直在一起吗?对档案的回顾证实了我的怀疑。他们被称为自闭症患者,他们每年都参加自闭症项目,每年都在相同的隔离环境中。他们现在是怎么互动的?他们互相对抗。一个个体的存在导致另外一个个体的焦虑。每当詹姆斯发出声音时,安迪就会捂住耳朵,把头放在书桌上尖叫,"闭嘴,詹姆斯!"

我们对詹姆斯和安迪的生活进行的第一次干预就是把他们分开！七年级的时候，我们安排孩子们进入不同的普通教育班级中，让他们和正常同龄人在一起。教室中正常同龄人参与的日常活动有助于减少他们在面对面时所经历的极大的焦虑。

友谊的发展是基于共同的经历。当学生在班级项目上合作时，他们必须进行互动和合作以满足项目要求。共同的经历为交谈、相互尊重和友谊提供了基础。在这一过程中，学生的交际能力会得到增强，自尊也会得到增强(Asher, Parker, & Walker, 1996; Malmgren & Causton-Theoharis, 2006)。

正常同龄人对自闭症学生能力的态度强烈地影响着他们与这些学生互动的意愿(Siperstein, Parker, Bardon, & Widaman, 2007)。当学生总是与一个成年人联系在一起或与其他残疾学生一起被安排在一张单独的桌子上时，正常同龄人就会形成一个印象：这个学生是不同的、少数的、无助的、"不像我们"，而且几乎没有自己的东西。这些态度会导致课堂内外的各种问题。阻碍同伴友谊发展的因素如下：

- 将自闭症学生分在一组；
- 允许自闭症学生的不适当的行为，而此类行为对于正常学生来说则是不被容忍的；
- 使用低龄材料；
- 成人贬低对待(过度帮助、固化的帮助、为学生说话)。

这些做法阻碍了正常同龄人与自闭症学生的互动。成人要注意对待自闭症学生的方式，要思考针对正常同龄人的时候是怎样的，尤其是需要对不适当的行为进行处理的时候。当你对所有学生的行为和表现期望同等，不管其标签是什么的时候，你就能很好为自闭症学生服务。他/她的同伴们可以理解他/她，并知道他/她能够对自己的行为负责。因为约束他们的都是同样的标准。

这个建议有一个重要的问题：如果学生的行为超出了他/她的控制，表现出了他/她的缺陷，那么就必须采用替代策略。影响这一决定的因素是：学生理解是非吗？这种超出控制的行为是感官问题引起的吗？想了解更多信息，请参阅第3章。

欺凌

当学生被贴上无能、愚钝的标签后，他们有很大的概率会被欺凌。特别是在初中和高中层次，我们要考虑到这个问题。在这个时期，融合和适应的同伴压力是很大的。一些学生为了在同龄人中获得地位，会通过欺凌他们认定的特殊学生来寻求认同。

欺凌行为可能发生在有学术天赋的学生身上，也可能同等程度地发生在有智力障碍的学生身上。自闭症学生对社交场合的误解倾向使得解决这一问题更具挑战性。保罗，一个患有阿斯伯格综合征的男孩，是一个智力超群且非常英俊的年轻人。他在中学时上过快班，还是班上最优秀的学生之一。他的学业和行为支持的需求是最小的。老师们一再称赞保罗的良好行为和优异的学习成绩。在第一学期的大部分时间里，保罗似乎很满足。由于没有引起我们的注意，我们认为保罗对中学适应良好。后来，在四月中旬的一天，一位工作人员碰巧在保罗的文件夹中发现了这首诗——《保罗的哀歌》。

保罗的哀歌

恶霸把我的幸福赶走，所以我与担心共同生活。
他们制造了我的仇恨，所以我的生活缺乏安全感。
他们把我画成粗鲁的东西，所以我生活中没有人知道我到底是什么。
他们锁定了我，所以我是一个靶子。
他们剥夺了我聪明的事实，我被称为弱智者。
他们毁坏了我美好的生活，我大叫到喉咙痛。
他们说我是同性恋和愚蠢的，所以我没有一个朋友。
他们制止了我的防守，所以我没有出路。
他们向我说愚蠢的话，所以我要忍受白痴。
他们给我仇恨，所以我和它一起生活。
他们侮辱了我，我并不是没有受伤。
他们让我没有了呼吸的理由，所以我的生活没有任何新鲜的气息。
他们把我和自信分开了，所以我的生活没有了它。
当我说这不好的时候，谁理解我？
当我说我没有找到朋友时，谁能理解我？

图 5.4 《保罗的哀歌》

欺凌是学生关系中不幸且悲剧的一面，尤其是在中学阶段。大多数孩子在他们的学校生涯中都曾受到某种形式的虐待。研究显示，有30%的学生报告说，不管是作为受害者还是欺凌者，其都有中度或频繁地参与欺凌（Nansel等，2001）。欺凌行为对于被诊断为自闭症的学生更为不利。在一项研究中，研究者对超过400名被诊断为自闭症或其他沟通行为障碍的儿童的父母进行了欺凌行为调查，其中94%的参与者都认为，一学年里，他们的孩子至少被同龄人欺凌过一次（Little，2002）。

学生欺凌有两种表现：精神虐待和身体虐待。精神虐待包括侮辱、戏弄和辱骂、恐吓的目光、猥亵的手势和散布谣言等。身体虐待包括击打、推、绊、踢、吐痰、拉扯头发、碰撞、抓人或衣服或财物等。男孩比女孩更有可能成为身体欺凌的目标和实施者（Olweus，1993；Rigby，1996）。女孩更可能散布谣言，并组成一个群体进行欺凌（White，2002；Wiseman，2002）。研究表明，在8岁到14岁之间，欺凌行为将达到高峰，然后在高中后期逐渐减少（Nansel等，2001）。

因为自闭症学生经常误解社会线索，所以他们会错过同龄人想要对他们进行虐待的早期信号。他们的天真为越来越严重的虐待打开了大门。如果虐待长期持续而受虐者也不反击，那么沮丧和怨恨的情绪就会累积起来，然后爆发为身体攻击。自闭症患者长期受到伤害，就会带来高风险的严重后果，包括严重的焦虑、抑郁、逃学和身体健康问题。

教师能做什么

及时察觉和积极干预是对付欺凌行为的最好办法。如果我们在引导正常同龄人充分认识个体差异的同时，积极地在友谊和归属感方面帮助自闭症学生，就可以避免欺凌带来的最严重的负面影响。相关建议如下：

1. 在接纳和欣赏方面，集中开发各种形式的多样性的全校课程。鼓励不再强调残疾病理的课堂讨论，支持学生理解和欣赏标签后面的人。见本章后面的"增强对自闭症的认识"，以获得更多建议。

2. 如果你目睹了虐待行为，就要制止这种行为并采取适当的惩戒措施。如果你不采取行动，欺凌者会认为你默许了这种虐待。对于受害学生来讲，成人没反应会让他们更害怕同龄人，冷漠和绝望感就会紧随其后产生(Heinrichs,2003)。

3. 注意和警惕虐待行为。欺凌是一种隐蔽的活动,很多都是短暂的和口头的,往往发生在缺乏监管的情况下(Heinrichs,2003. p.76)。

4. 收集学生的信息。对他们知道谁被欺凌,欺凌者是谁,以及校园周围不安全的地方是哪些等信息展开调查。在需要查明肇事者的情况下,主动寻找信息,并与学生合作,寻找更好的方法获取信息。

友谊发展中学生的角色

为了交朋友,自闭症学生需要被认为是可爱的和有能力的。老师能做的只有这么多。如果学生给人留下的印象是讨厌的、粗鲁的、无礼的,或是味道难闻、挖鼻孔、穿着滑稽、举止粗鲁,那么,无论我们提供多少支持,正常同龄人都不会接受他/她做朋友。尽管有障碍,学生还是要对妨碍友谊和归属感发展的行为和习惯负责。齐妮亚·卡茨,一位35岁的高功能自闭症女性,说道:

> 不要让儿童为所欲为。你需要有高期望。如果你希望他们达到星星的高度,他们就会到星星那里。如果你期望它们和鹰一样飞翔,他们就会像鹰一样飞翔。如果你指望它们像鸡一样在地上走来走去,他们就会像鸡一样在地上走来走去。

不要忽视自闭症学生的不恰当行为,也就是如果发生在正常学生身上,你决不会容忍的那些行为。天宝·葛兰汀曾说过:"有时不良行为就是不良行为(人际沟通,2007.02.14)!"想想如果没有自闭症的诊断,有哪些行为习惯、举止和与他人的互动会被认为是完全不能接受的。注意你所支持的学生并自问:"这种行为是残疾的表现——超出了学生的控制吗?"如果你知道这个学生能理解并且在他/她所能控制的范围内,那就不要对他/她期望太低!不能允许不可接受的行为,这是因为这些行为是其不被尊重和不自信的表现。如果你不确定行为是否在学生可控制的能力范围内,那就与自闭症专家或特殊教育教师讨论你的想法,并制定一个以人为本的、合理的策略,同时尽可能地考虑自然影响的重要性。

隐性课程

隐性课程是用来描述大多数学生都知道,但从未接受过系统性教授

1. 微笑和大笑。所有的孩子都喜欢看另一个孩子的微笑。它会传染并营造积极的氛围。
2. 问候他人。鼓励学生在错身而过时对他人说:"嗨!"这样很友好,也能鼓励学生在课堂改变时保持头脑清醒。
3. 发出邀请。当学生们一起离开课堂或开始一项活动时,鼓励他们邀请其他人,并保持总是寻找更多的参与者的状态。
4. 与他人交谈。帮助学生理解沟通的基本规则,如何开始交谈和轮流交谈,以及如何吸引他人。
5. 分享。没有人喜欢一个总是把东西留给自己的学生。鼓励学生在项目上合作协调,分享资源。
6. 赞美。人人都喜欢被赞美。当学生表现好或行为良好时,教师要表示赞赏。
7. 良好形象。卫生和仪容整洁对自尊、干净和与他人的积极互动很重要。

图 5.5 备受尊敬的七项个人品质

的不成文的社会规则和期望的术语：比如，如何穿衣，如何编造借口，与谁交谈，忽略谁，说什么和不说什么。隐性课程还包括理解获得教师和同伴认可的积极行为和被认为是粗鲁、不恰当的行为的区别(Myles & Simpson, 2001)。自闭症学生在不知不觉中打破了很多这样的规则，但是他们的本意是天真的。有个自闭症男孩曾这样说他的胖阿姨："哇，米尔阿姨，你好胖！"虽然教师们的期望有所不同，但是某些期望在跨年级水平和环境下是一致的(Myles, 2005)。

作为教师，我们喜欢听从指导、合作、与同学和谐相处、倾听、完成作业和帮助他人的孩子(Lane, Pierson, & Givener, 2003)。请思考如何将你的价值观转化为对学生的期望，然后将这些期望传达给自闭症学生。

重要的一点是：并非所有自闭症学生都对社会规则一无所知。他们能力有差异，有些学生退缩、孤僻、社交笨拙、呆板、感情单调；有些则外向、友好、合群、热情。要注意那些大部分时间似乎都能"明白"的学生。像保罗一样，那些看起来很好的孩子可能会隐藏问题，所以教师要注意微妙的暗示。

将尴尬的遭遇转化为可实施教学的时机

就像走进了一间图书馆……每本书都是不一样的。每一种感觉就是一间巨大的图书馆中的一本书。这和看进某人的内心是一样的。

——史蒂文·卡瓦斯凯

自闭症患者会在对话刚开始的时候，就使对话难以继续发展下去。下面是一段自闭症学生与同伴的对话，该对话发生在午餐时间，一个名叫珍妮弗的正常学生，试图与名叫维姬的女孩对话，维姬 14 岁，患有自闭症。她们之间的对话如下：

珍妮弗："你好，维姬！你今天怎么样？"

维姬(低头)："好的，你能往后站一点吗？我现在想一个人待着，谢谢。"

一些自闭症学生的表现就像维姬一样。为什么他/她会对社会交往不感兴趣或是感觉不方便呢？这是因为许多自闭症学生不理解不成文的交际规则，而且对社交感到很不舒服以至于不能参与其中。也许以前，维姬曾努力寻求过友谊，但被拒绝了。不管学生对社交的期待如何，发展社交技能对其在生活中获得长远成功很重要（National Autism Center，2009）。教师要为自闭症学生寻找机会，帮助他们与有共同兴趣的同伴分享兴趣。

许多自闭症学生想与人们进行社会互动和交朋友，但在社交上却常遭遇尴尬，如，他们大笑的不是时候，与社交场景或时间不同步；他们的问候生硬而拘谨；他们在会话中脱离语境；他们侵犯了别人的个人空间等。下面这个对话发生在新学年伊始的午餐期间。该对话生动展现了当一个缺乏技能、但又渴望社交的自闭症学生试图加入对话时所遭遇的沟通障碍。

下面是一群男孩在谈论高中足球赛季的对话：

艾萨克："我不知道我们这个全是伤员的球队，该如何开始这个赛季？"迪尔克："是啊，伙计，这看起来真的难办。"吉姆，一名患阿斯伯格综合征的学生插话了，他说："你有一个吊扇吗？"迪尔克困惑地说："说什么？……是吧？……呃……是的，我们有一个。"吉姆："是四叶还是五叶的？"迪尔克（略微感到有点好笑）："它是五叶，伙计。"他嘲弄地转向艾萨克。吉姆并没有注意到这一点，继续说："它是顺时针还是逆时针旋转？"艾萨克打断他的问话，有些生气地说："听着，伙计，我们在谈论足球！"吉姆完全没有注意到艾萨克说话时的语调和肢体语言，还继续问到："你家洗衣机的门是在前面还是在顶上？"

通过分析，教师可以确定所发生的沟通障碍的类型，从而为解决学生沟通障碍提供帮助。当发生像上面这个例子一样的对话后，老师就可以和这个学生讨论他/她的沟通不顺畅（沟通障碍）的问题。帮助他/她理解发生的事情，并提出有助于其今后加入同伴会话的建议。

教师要与学生的同伴讨论策略，帮助他们更好地理解自闭症学生所面临的挑战，并讨论如何帮助这类学生。教师可以通过列出以后在沟通交流中可能遇到的场景，在发生沟通障碍时可以采用的策略，并使学生有更多的机会实践沟通技能,从而争取到他们的支持。通过这样的支持与帮助,教师可以把尴尬的遭遇转化为可教学的时机。

布瑞恩的迷恋

布瑞恩,一个14岁的自闭症男孩,被一个叫维多利亚的女同学深深吸引。午餐期间,他会选择离维多利亚较近的座位坐。由于布瑞恩的语言表达能力有限。为了能够很好地表达自己,他会采用画画的方式,他画了一幅迪士尼乐园的场景图,画面中维多利亚牵着他的手,站在一条路上。

布瑞恩的父母在他们的电脑上发现了文件夹,里面装满了布瑞恩从网上下载的和维多利亚同框的图画,其中有他的计划——以视觉形象的形式——梦想和维多利亚一起去巴黎迪士尼乐园旅行!他的图画展示了他们将乘坐的游乐设施和停留的地点。他无法与她口头分享这段梦幻之旅,于是他在电脑上通过创作图画和收集图像来表达他的想法。

尽管布瑞恩的语言能力有限,他仍然像其他人一样怀揣梦想并能够通过绘画和计算机图像表达。这使我再次意识到自闭症儿童会寻求与同学建立联系,他们的许多形式的行为都源于与他人建立联系的强烈愿望。

卫生和着装

仪容整洁、个人卫生良好和着装得体是所有自闭症学生面临着的共同挑战。对感觉输入和触觉敏感的异常反应会导致自闭症个体逃避洗澡或淋浴、洗头发、刷牙和换衣服。一些自闭症个体表示淋浴的感觉就像是站在冰雹下面,还有就是毛巾的质地太粗糙,肥皂的味道太强烈。此外,服装的标签和弹力绑带也不能忍受,衣服太硬或太紧也不能忍受。

有些自闭症学生在选择衣服时不会考虑流行趋势。如果学生14岁,但穿得像个7岁孩子,这可能就会带来问题。学生选择的衣服太过暴露也是问题。相对于风格,自闭症学生对衣服的选择往往更看重舒适性的。这有助于解释为什么有些学生坚持每天穿同样的衣服。这些问题影响了学生的外表,也影响了其交朋友的能力。

这里有一些想法可以供参考:让有时尚感的正常同龄人去做自闭症学生的"时尚顾问";与学生家长合作,让家长检查一下孩子早上的着装;在可接受的范围内,尽可能许可自闭症学生的着装选择。

图 5.6 什么不该做

从障碍到最佳实践

增加教师的参与

在教室里,不要认为成人支持是只针对自闭症学生的。如果你的教室里有一个助教,那么你应鼓励其支持所有的学生,让班级里的所有学生都能够得到支持。鼓励助教在教室里四处走动,在去除残疾标签的情况下给予学生帮助。这样做,我们增强了一种观念,即每个人都得到平等对待,可以同时与所有学生建立积极的关系。

研究表明,在普通教育环境中,教师参与是学生取得成功的最重要因素之一（Giangreco，Broer，& Edelman，2001）。无论自闭症学生是完全独立并能够在同级水平上工作还是需要大量的教学设施，他/她都需要一个感兴趣并积极参与其中的老师。

凭借耐心和温和的坚持，你会渐渐开始欣赏自闭症学生独特的品质。教师与学生之间的积极融洽的关系有助于融合的成功。詹格雷科（2003）表示，"当老师们接受挑战，让教室成为对所有学生来说是一个受欢迎的和充满教学活力的地方时；这些孩子们就会感到，这已经改变了对他们的教学，并给教学带来了活力"。

避免"训练陷阱"

不要因为你不是自闭症专家，就低估你在自闭症学生支持中的核心作用！在詹格雷科（2003）所提出的"训练陷阱"中，班级教师往往会限制自己与残疾学生的接触，因为他们错误地认为他们没有资格充分支持学生的教育需要。这是错误的！不要只是因为助教是被分配来支持学生的、且已经"被训练过"，就把你的教育责任交给助教，实质上助教是最没有资格的支持人员。班级教师具有较高的学位和多年的经验。你，专业的教育者，就是专家！虽然培训提高了助教履行职责的能力，但并不足以使他们准备好履行理应是任课教师的教学职责。助教的支持原则就是，支持教师努力去教育整个班级，而不是只控制一个学生的教育。相对于助教，教师所接受的训练才能更好地教育残疾学生。

> 许多非残疾学生都在努力学习，在教室里的两个成年教师可以帮助那些如果没有额外帮助，就会面临失败的学生。教师应把助教当成全班学生的助手，支持班上所有的学生，而不是只安排给一个学生做私人助教。参见青少年自闭症教学指南网站：
> www.corwin.com/adolescentautism

招募专家：把孩子作为我们的合作伙伴

教师应尽可能避免将学生带出教室给予学生额外的帮助，如拉出服务。教师应采用借助正常同龄人的教学策略，即自然支持。学生们天生喜欢互相帮助。分析班级的社交动态，了解正常孩子是如何相互支持的，分辨出那些天生乐于助人的学生，然后鼓励他们与自闭症学生合作。

图 5.7 教室之外的友谊

重要的一点是：学生本是学校教学中可被利用的最大资源；但实际上，学生却成为了学校中最大的未被利用的资源。在努力成为社交技能专业人士过程中，我们忽略了真正的专家，正常发展中的孩子。对于成年人来说，我们不可能真实地知道今天的初中生和高中生是什么样的。因为，我们的 13 岁距今已经很久远了（感谢上帝！）。我们想了解今天的初中生和高中生是什么样的，他们的学校生活怎样，如何发展友谊等问题。这些问题与我们现在的生活已经没有联系了。但实际上，解决这些问题的方法就在我们眼前。因为，课堂上坐满了对此问题充满想法、有很好建议和独特答案的学生。向他们获取信息是极其重要的。请询问学生们的观点，并与他们分享关于自闭症学生的优势和需求的信息。

自闭症学生的同龄人可以为我们提供宝贵的见解，如对于这个年龄的学生来讲，友谊是什么样的。他们可以告诉你，他们是如何相遇的，他们一起去哪里，一起做什么，以及他们为什么喜欢一起出去玩。他们可以帮助你理清孩子们是如何决定他们想聚在一起的，他们如何为彼此腾出时间，以及他们认为有趣的事情是什么。正常的同龄人可以告诉你自闭症学生想要和谁共度时光。他们可以充当内部人士，帮助一个学生与另一个学生相联系。他们也会与你分享，何时是成年人介入的最佳时刻，何时是同伴之间自然帮助的最佳时刻。

当你不知道如何让科迪和他的一些同伴共进午餐时，问问孩子们："嘿，伙计们，我不知道怎么让科迪和他的朋友们在一起。有办法么？"或者说："我不知道怎么办！我 47 岁了，你们觉得该怎么办呢？"我们从这样的谈话中了解到，正常孩子也有友谊问题。通过同伴团体的内部成员，建立与同龄人团体的桥梁，被同伴小团体的内部成员带进一个团体总比被排斥在同伴团体外要好。

研究表明，自闭症学生受益于与正常孩子一起参与活动。事实上，当自闭症学生参加合作学习小组，午餐和课间休息时的社会团体，以及辅导课程时，其出现的社交行为明显多于那些在社会技能小组中得到支持的学生(Kamps 等，2002)。

在社会团体中纳入自闭症学生，并征求孩子们的意见是一个好的开始。它能够促进信息的分享，使得同龄人更好地理解自闭症学生，从而促进进一步关系的建立。正常的同龄人需要理解自闭症学生的沟通方式，他/她的爱好和才能，以及导致他/她不适和焦虑的原因。

我们倾向于与我们有相似特点和兴趣的他人相联系(Campbell, 2007)。如果同龄人了解到自闭症学生和他们很像，他们会更愿意接纳这个学生。当促进同伴支持时，问问自己："我怎样才能帮助同龄人看到该学生的能力？"如果我们没有提供有用的信息，学生们会得出自己的结论。我们要对同伴的问题和反应保持开放的态度，并提供能力驱动的解释。要记住的重要的一点是：始终要认识到自闭症学生是如何被其他学生所认识的。我们要发展一种超越自闭症背景的理解，即呈现能力——找机会让学生展示他/她的才能。如果学生在艺术方面特别有才华，一定要确保他/她有机会展示他/她的作品。

加入！促进小组成员建立关系

据说，一个人需要遇见 10000 个人才能结识一个朋友。自闭症学生需要很多机会才能认识一个特别的朋友。鼓励学生加入以共同兴趣为基础的团体。运动队、俱乐部、服务组、童子军和教会青年团体都提供了结交朋友的好机会。共同兴趣是友谊发展的基础。许多自闭症学生是他们特殊兴趣方面的专家。有符合这一兴趣的俱乐部吗？我们可以设想创造出匹配的吗？建立在共同兴趣基础上的友谊是真诚的、持久的。

友谊俱乐部

要注意为满足自闭症学生的需求而建立的俱乐部，因为在这类俱乐部中发展出的"友谊"并不是真正的友谊。每当两个小组在一起，其中一个在为另一个的需求服务时，你就有了一个支持小组。支持小组并没有

图 5.8　嗯,看起来像是友谊!

错!我们的社会中有成千上百个:匿名戒酒协会、匿名戒暴饮暴食协会等等。问题是,这些类型的帮助者和受助者的关系是不平等的。同伴支持和真正的友谊是有区别的!的确,在缺乏友谊的情况下,同伴的支持有时会带来友谊。然而,在同伴支持小组中发展的帮助者—受助者关系会催生不平等的关系,带来慈善的感觉,或者更糟糕的是,帮助者会展现出对受助者的怜悯。最糟糕的是,有成年人可能会奖励帮助自闭症学生这一行为。"你和罗伯特待在一起,我会付钱的。"为了奖赏跟某人待在一起,这算什么呢?不要想!

　　当一个学生因为需要帮助而得到另一个学生的帮助时,有意义的同伴支持就会产生。这不是什么了不起的事。如果关系的重点是互惠互利,双方都有贡献,那么友谊就可以随之发展。当两个或更多的人发现共同的利益并发展出一种相互满意的关系时,友谊就产生了。我们要促进互惠的合作关系,而不是帮助者—受助者这一不平等的伙伴关系。

　　要注意不平等的帮助者—受助者的关系和无意的贬低治疗的潜在风险。我们不希望同龄人出于施舍的感觉帮助他人,然后获得"照顾者"的地位。自闭症学生不需要施舍。正常的同龄人需要基于共同的兴趣、爱好和经历与他们建立真正的联系,他们需要理解和接受标签背后的个体。

动漫俱乐部

在吃午饭的时候，七年级和八年级的一些学生聚在一起，满怀期望地看着我，说："K老师，我们动漫俱乐部需要一个担保人，你愿意做这个担保人吗？""我们向你保证。……没有麻烦。只需要一个场地和一个担保人。"我知道，这个动漫俱乐部是由一些能力比较强的孩子们，以及一些能力相对弱一点的孩子们组成的俱乐部。这时，阿纳斯塔西娅大声叫了起来，她，"事实上的总统"，展现了大胆的权威。"我们向你保证，不会有任何麻烦，只要有场地和赞助。"我仔细思考时，突然想起来，伊莱娜和乔恩，是两个患有自闭症的学生，也喜欢动漫。然后我意识到，这是个真正的社会团体！于是，我马上答道："好的，我来做！"第一次的聚会充满了笑声、故事、很多的谈话和大量关于动漫的话题。参与其中的伊莱娜与大家一道分享着乐趣。乔恩和总统女士在一起玩纸牌游戏。伊莱娜还和俱乐部的另外三位女生交了朋友，她们交换了手机号码，约定周末一起去参加动漫大会。聚会后，我很高兴我同意了做他们的担保人。孩子们通过满足需要形成了团体，发展了友谊。

通过敏锐观察进行课堂支持

密切观察学生在课堂上是如何对待彼此，是你支持职责中的一个重要部分。每个班级都有自己的社交动态。谁是那种能成为好朋友的学生？座位是如何安排的？捣乱的学生是坐在一起的吗？学生可不可以调到教室中不同的地方，与那些支持和培养的学生相邻？

在那些倾向于成为有价值的同伴支持者的学生身上，可以找到一些特质。你要寻找被同伴信任和尊重的学生。这些都是重要的学生，他们有一个因他们在班级中的成绩和评论而获得的聪明的好名声。他们一般都遵守校规，并且具有敏锐的社会性。他们喜欢自闭症学生，真诚地想和他们成为朋友。尊重差异，喜欢自闭症学生看待世界的方式的学生是你最好的候选人(Myles & Simpson, 2003)。

> **自闭症误识**
> "自闭症不能学习社交技能。"
>
> **事实**
> 如果自闭症儿童是在正常同龄人的教室里,而不是被残疾标签所隔离,他们就可以学习社交技能。当与非残疾同龄人一起有正常适龄的经历时,社会技能训练也会有所帮助。

增强对自闭症的认识

将诊断的细节提供给正常同龄人是一个有争议的问题。除非父母明确许可,否则不可透露学生特定的、具体的信息。我们必须尊重学生的隐私权。仔细陈述的信息可以帮助同伴了解学生的个性特征。研究表明,如果正常同龄人了解到自闭症学生与自己有相似的兴趣和特点,他们会更愿意接纳自闭症学生。问题是,你如何平衡对沟通理解的信息需求和学生隐私权这两者的关系?

"艾伦女士,为什么宏美一直摇头晃脑?"共享信息必须在案例的基础上进行讨论,但是要注意保护学生的隐私和尊重父母的意愿。

保障学生的高自尊水平

成人看待和对待自闭症学生的方式,强烈地影响着同龄人对他/她的看法。如果你通过你的语言和行动传达,所有学生都是有价值的,都是被尊重的,这样就会为学校中的学生和其他成人树立一个榜样。我们要使用礼貌的语言,强调学生的优势和才能。例如,罗伯特是一个对女孩很感兴趣的14岁的少年,有着惊人的艺术天赋。不要把学生称为"那个自闭症的男孩,罗伯特"。

以适当的方式与学生交谈。如果有一个问题需要和全班讨论,那就要保护学生的自尊,尽量减少误解。

尽可能最少使用将自闭症病理化的言语。避免贬低学生或者推断学生生病、弱小、较小或残疾的描述。虚假的慈善和善举不能很好地为学生长期的利益服务。不幸的是,很多特殊儿童和特殊成人,如自闭症患者,虽然身边有很多业余和专业的护理人员,但是他们生活中却没有朋友。

当他/她被描述为有能力和有才华的时候,同学们很有可能把这个学生看作是一个受人尊敬的、乐于助人的学生。当成人表明这个学生并无缺失,只是简单地"进入了不同节拍的鼓手",学生们就更容易理解和接受这个学生。孩子们的诸多伟大之处之一就是他们愿意接受多样性。热情地分享这个学生的成功,以诚恳的态度夸奖这个学生,像对待非残疾学生一样对待这个学生,如和他/她开玩笑等。

了解并尊重学生。除非该学生得到他/她的正常同伴对他/她一视同仁的对待,否则无论老师决定使用何种策略来促进尊重和友谊,都将是没有意义的。

帮助与你关系不密切的人来发展友谊是很有挑战性的。试着了解学生,他/她有什么故事?他/她有什么兴趣和梦想?他/她喜欢什么?他/她不喜欢什么?他/她的天赋和优点是什么?他/她如何度过自己的时间?他/她生活中有哪些人?他/她需要怎样的支持?他/她能获得正常同伴的帮助吗?最重要的是,他/她想要什么?让他/她的梦想和愿望推动这个过程。他/她是焦点。从帮助他/她与他/她想一起的伙伴一同得到他/她想要的东西和开始。如果策略是从学生的需要和兴趣中产生的,那么结果将是以学生为中心的。

小结

友谊和归属感对学生的发展至关重要,是学生形成健康自我概念的基础。自闭症学生尤其需要,他们更应该充分接触正常同龄人的社交、学业和情感世界。正如我们所讲的,自闭症学生有着社交和情感方面的挑战,影响着他们和正常同龄人之间的交往。尽管面临这些挑战,这些学生还是有机会参加社交活动的。对这一重要需要的认识,加上政府和教师的支持,就会对改变现状有很大的帮助。

本章中的很多例子中的情况表明了在学校和相关组织中延续多年的错误信念。而这一错误信念就是来自同伴的压力,那就是"你必须像我们这样,才能有归属感",这是一个长期存在且根深蒂固的观念。这代表的就是因为作为自闭症学生的你和我们普通同龄人有很多不同,所以我们无法接纳你,你也就不会有归属感。这样的情况,如果没有教师和支持人员的明智的干预措施,是很难扭转的。这种信念把改变现状的责任放在自闭症患者身上,而不是去识别和消除阻碍有意义关系的建立,接纳、友谊和归属感形成的障碍。

请使用本章所提出的策略，促进自然的同伴支持。尊重学生，鼓励学生参与，告诉自闭症学生的正常同伴，这个学生与他们有何相似之处。通过积极努力地促进友谊和归属感的形成，减少对自闭症学生的不公平对待、排斥，以及错误的和带有成见的描述。

资源链接

资源 A-K：融合支持期望的结果是一套评估工具，分为 11 部分，用于测量不同环境下支持实践的有效性：普通教育课堂、体育课堂、课间休息和午餐时间。给予建议的支持实践，这些评估工具为教师在不同环境中为自闭症学生提供支持和鼓励发展友谊，提供了一个有意义的规划。

资源 L：社交参与观察表

这个有用的表格主要用于在不同环境下对社会互动的测量，而易于理解的编码系统又保证了对观测结果的记录的准确性。

资源 M 和 N：学生在普通教育环境下的参与性评估是关于跟踪课堂行为和社会技能等方面的题目。

资源 O：学生档案信息

该档案可以让普通教育教师与其他负责支持的工作人员对学生在普通教育班级中接受教育的情况进行了解。

延伸阅读

The Gray Center for Social Learning and Understanding http://www.

thegraycenter. org.

Howley, M. , & Arnold, E. (2005). Revealing the hidden social code: Social stories for people with autistic spectrum disorders. London: Jessica Kingsley.

Moss, H. (2010). Middle school: The stuff nobody tells you about: A teenage girl with high-functioning autism shares her experiences. Shawnee Mission, KS: Autism Asperger Publishing Co.

Moyes, R. A. (2001). Incorporating social goals in the classroom: A guide for teachers and parents of children with high functioning autism and Asperger's syndrome. London: Jessica Kingsley.

第六章
对支持的理解：支持多样化学习需求的有效策略

> 复杂会造成困惑，简单则会让人更加专注。
>
> ——爱德华·德·波诺

学习是一个复杂的过程，学生的学习风格、经历、价值观和兴趣水平等因素都会对学习过程产生一定的影响。每一位学生对于新信息的理解和解释都是独一无二的。尽管学习具有复杂性，但是优秀的教师应该具备激发学生学习兴趣和学习动机的能力，并能够创造学习机会帮助学生主动提出问题，对周围的事物感兴趣并最终成为终生学习者。为了达成这一目标，教师必须想办法帮助学生扫清学习过程中可能遇到的各种障碍。

对于许多教师而言，他们的班级里有一位伴有某种障碍的学生似乎根本是一种不现实的想法，他们通常无法意识到仅仅依靠容易实现的细微调整，就可以满足有障碍学生的需求。过去30多年的教育研究已经总结出大量的教育教学方法或策略用以支持那些在学习上存在困难或障碍的学生。调整教学从而适应学习困难者的需求是一项非常有价值的技能。希望本章节的内容能够拓宽你的思路。

关于调整的介绍

我们知道，并非所有的学生都以相同的方式学习。学业成就取决于学生理解课程内容并以有意义的方式运用知识和技能的能力。当教学方式和教学材料阻碍了学生的学习时,教师可以作出适当的调整以增进学生对于教学内容的理解。通过减少学习环境中的那些阻碍或干扰学生学习的条件,调整策略的应用可以提升学生的学业成就。

调整策略并不复杂,将学生的座位向前调整以远离影响其注意力的因素,这样一件简单的事情其实就是一种调整。其他的调整策略包括:调整内容(数量和难度)、时间和教学进度(增加或减少)、支持的类型(同伴、教师或助教)、输入的形式(纸笔、文字处理器、视觉支持、具体的例子或实践活动)、输出的形式(口头回答问题或通过项目展示知识)。一系列调整策略的使用,其目的是创造一种条件,即使学习过程与学生的学习风格相一致,从而帮助学生取得最大的进步。

调整(Accommodations)

调整是指在不降低年级学业标准水平的条件下,改变信息的呈现方式和学生的学业表达方式。调整包括教学形式、材料、时间、任务要求以及同伴或教学人员的支持水平的改变。此外,还包括调整考试和测验以适应学生的知识输出或表达形式。如果学生难以完成纸笔任务,则可以使用文字处理设备。提示和肢体辅助策略亦可以使用,但要注意学生的独立性的培养。

修改(Modifications)

修改是指根据学生的年龄水平对教学内容的深度和难度作出相应的调整。在不损害学生自尊心的前提下,简化学习内容和任务完成的形式或要求并与学生的理解水平相匹配。有特殊教育需求的学生能够与教室内正常同伴共同参与各种学习活动并获得相应的学习经验,这一切得益于修改策略的应用。

修改策略包括:教学难度、内容学业表现的要求的改变。修改的幅度根据学生的智商,可分为从轻微到显著水平的改变。举例来说,如在相同主题或话题的条件下使用不同的教材或学习材料,使用文字处理设备检查拼写,提供词语选择,在数学测验中使用计算器,使用更加简单易懂的文字解释题目，为文本中的关键词句添加下划线等。

让学习内容简单易懂

- 提供与学习内容相关的背景信息和预习词汇。
- 课程内容与学生的个人生活或文化背景相联系。
- 给予学生选择测试形式（书写或口头）的机会。
- 对复杂的概念或较为宏观的概念进行拆分，并突出要点。
- 判断学生需要了解的必要概念，并分步骤达成。
- 将学生需要掌握的技能根据需求进行排序。使用教育软件帮助学生理解课程内容，允许学生重做作业。
- 提供视觉支持（思维导图、时间轴、流程图和图片）。

设计合适的调整

下列三个因素决定了选择使用何种调整策略，它们分别是：学生的年龄、课程目标和学生的需求。如果学生难以理解抽象的概念，则可以为其提供视觉支持，例如思维导图和图片，从而使抽象的概念具体化。有效的调整应该符合学生的年龄水平并在不伤害学生自尊的前提下，帮助学生成功地参与到课堂教学活动之中。例如，芝麻街的闪卡不适合青少年使用。此外，有效的调整还应该易于操作或应用。作为教师，你应该可以在一整天的教学工作中对大批学生予以支持。试问谁愿意花费几个小时的时间实施无效的调整呢？事实上，设计调整所花费的时间很少。

简单的就是最好的

如果阅读完本章节的内容之后，你还能回忆起其中的一些内容，那么我希望是这一条建议：简单的通常是最好的。当我们要设计并实施调整策略时，考虑一下接下来将要阐述的"特殊"(SPECIAL)建议。有效的调整就是：

- 简单(Simple)：如果调整策略过于复杂和耗时，那很可能不具备可操作性，根本无法操作。我们应该设计并实施简单的调整。

- 实用（Practical）：考虑一下我们有限的时间和经费。例如，重新改编或改写数学题，并花费数小时改写一页一页的练习题的确有助于学生阅读和理解题目，但是考虑到日复一日地常态化操作，其可行性必然受到质疑，那么这种做法就显得不实用。

- 清楚（Explicit）：有效的调整具备明确的目的，且容易理解，便于实施。

- 集体意识的建立（Community building）：调整的策略会为学生之间的互动创造机会。自闭症学生需要获得归属感并结交朋友。调整策略决不能使那些有特殊教育需求的学生与其同伴相隔离。良好的调整还会鼓励……

- 独立性的培养（Independence promoting）：我们在实施调整策略时一定要着眼于学生的成年生活，重视其自我决定能力的发展。调整策略的使用应能促进学生独立性的发展，实施中还要注意辅助或提示的消退。调整还要……

- 适龄（Age appropriate）：理想的调整应该利用学生的优势以减少学生遇到的挑战。

- 合理且有意义的（Logical and meaningful）：成功的调整应该是自然的，不应该过度关注自闭症学生，因为他/她可以理解时间、地点和活动。这些策略的使用应该促进学生的学习而不应该带来潜在不良影响。调整应该是教室中的一个普通的常规组成部分。

以学生为中心的教学

每当学生的学习成绩不理想或没有掌握相关的知识和技能时，教师往往把责任归咎于学生自身，认为学生不具备相应的学习能力，缺乏必要的基础知识，自身存在惰性和缺乏学习兴趣，抑或是学生的智力水平不足以满足学习的需要。

对于新手教师而言，班级里有一位伴有残疾的学生会使其感到焦虑和不安，并认为这类学生融入到普通教室或班级是不切实际的想法。然而，一旦接受了关于调整或修改策略的培训之后，这些新手老师会毫不犹豫地接受那些伴有残疾的学生。因为他们确实可以使用这些方法将不可能变为现实。

那些理解学生学习方式多样性的教师能够将工作重心聚焦在学生的需求、能力、兴趣以及学习方式上。他们会以学生为中心制定教学计划，并调整教学以适应学生的需求。

以学生为中心的教学始于对学生的充分了解，知道学生学习水平如何，理解其能力和优势，并据此开展教学设计和实施教学。关注学生的最近发展区并提供相应的支持，找寻适当的方法帮助学生展现其自身的能力。有时候，我们仅仅需要在课程上做出细微的调整就可以扫清影响学生学习的障碍。例如，如果学生在阅读方面存在困难，那么就可以使用图片或图表帮助他们理解阅读的内容。

学会"考虑八个问题"，可以作为了解学生学业参与水平的起点。随着学习的进展，若学生参与的正常学业活动逐渐减少，获得的学习体验也会随之减少。我们需要牢记，让学生参与某种水平的普通班教育活动要比不参与任何活动好。我们需要调整自己的思维，平等对待所有学生，将自闭症学生视为普通的学生，而非聚焦于其存在的障碍，做出适当的调整使其参与有意义的学习活动。如果学生可以在没有支持的条件下参与普通班的学业活动，那么就要进一步地促进其独立性的发展。我们要从学生能力角度考虑问题，而非从障碍的角度看待学生。与此同时，我们还要从给予支持和不给予支持的两个方面寻找方法帮助学生，使学生受益。

考虑八个问题

1. 学生可以与正常发展的同伴学习同样的内容吗？目标一致吗？可以使用相同的学习材料吗？

是的！（不需要任何调整）有特殊教育需求的学生可以与普通的同

伴学习相同的内容，拥有相同的目标并使用相同的材料。

不是——

2. 学生可以使用调整过的材料参与并完成同样的活动吗？

是的！学生可以使用相同的材料参与与其年龄发展水平相符合的活动，且无需任何先决条件，即依靠基础的沟通、运动或学习能力。

• 当其他学生书写读书笔记时，约翰通过绘画的形式描绘故事情节的发展。

• 数学课上，盖博的题量相对较少，并可以使用计算机完成练习题目。

• 语文课上，约西亚的作业单上清晰地标注出了关键细节，并有延长答题时间的支持。

不是——

3. 学生在肢体的辅助下可以参与同样的活动吗？

是的！学生可以通过对于材料、设备或身体的实际控制完成活动。

• 安德鲁在教室内学习活动中佩戴耳机以减少干扰。

• 玛丽莎坐在摇椅上一边摇晃一边阅读，这种方式符合其学习需求，有助于维持其注意力的稳定。

• 詹姆斯借助一种特殊的震动装置提醒其集中注意力。

• 作文考试可以采取言语的形式而不是书写的形式。

• 艾丽正在使用电脑编写故事，而班上的同学以纸笔的形式书写。

• 米歇尔穿着特制的具有弹性的背心帮助其减少压力。

不是——

4. 在调整预期的条件下，学生能否参与同样的活动？

是的！教师可以在不同的认知水平上加工相同的内容。

• 布雷恩的朋友艾莉森对书中的章节进行调整，整理并加工该章节的内容，核对阅读水平，并将最终的改变版本记录在光盘上。

• 课上学生们一起讨论影响故事中主人公思想和行动的因素，丽塔使用视觉提示、图画、文字帮助她从一系列选项中匹配情景和人物特点。

• 安妮在做填空练习时，不是采取记笔记的方式，而是采用从"词汇库"中选择恰当的词语的方式。

不是——

5. 学生能否参与到综合能力活动中(涉及的能力均来源于个别化教育计划)

是的！在所教授的内容范围内设计多种教学活动,满足学生的不同需求。

• 莎拉在合作学习小组中学习小组社交技能,并与同伴们一起讨论撰写关于古埃及的报告。

• 罗伯特使用电脑完成阅读游戏,而其他同伴则接受作文测试。

• 在历史课上,纳迪娅为了完成关于林肯总统的历史课学习而搭建了微缩的小木屋。他不仅学习了历史知识,而且获得了锻炼精细动作的机会。

不是——

6. 学生是否能够在参与学习小组的同时,完成与小组内其他同伴不同目标的活动？

是的！关注学生个别化教育计划中列出的目标能力领域,并为学生提供与同伴合作或互动的机会从而促进这些能力的发展。

• 弗兰克的教育计划中有这样一个目标,即与同伴互动并在注意力集中的条件下,遵从指令。他的同伴需要弗兰克将科学实验课上所需要的一系列材料进行分类,而他也在这样的试验准备工作中实现了自己的价值。

• 艾彼在游戏活动中扮演银行柜员的角色,他负责点钞和兑换钱币。

不是——

7. 学生能否在教室内完成与其教育计划中优先项目相关的单独的学习任务？

是的！教师要考虑个别化教育计划中的目标如何在普通教室情境中得以落实,并计划和准备相关的课程。引导正常发展的同伴帮助学生学习教育计划中的目标。

• 史蒂芬在同伴的帮助下学习辅音—元音—辅音组合的词语。

• 杰米正在练习如何使用"多于1美元(one dollar more)"的系统教

育计划在商店进行付款。

不是——

8. 学生应该在课内和课外都练习生存技能。可能开展的活动包括生存技能教育、基于社区的教学或在学校或工作地点的实践。支持性就业最早可以从 16 岁开始。例如：

- 乔里在旱冰场实习以完成其个别化教育计划中的目标。
- 米兰达在校园内的小吃店工作，负责整理和清点货物。
- 塔拉在友好工厂做志愿者，负责清洗捐赠的衣物。
- 拉斐尔作为志愿者在回收中心工作，负责玻璃的分类。

使用下面的课程调整流程图指引我们在普通教室内支持有特殊教育需要的学生。

课程的调整使得学生的学习变得更加容易！流程图有助于我们确定可行性方法。

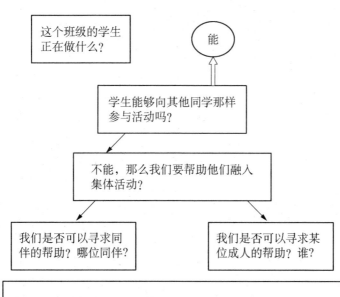

图 6.1　课程调整流程图

表 6.1 九种调整

数量	时间	支持水平
• 减少任务或作业的数量。 • 布置部分任务。 • 为部分工作或任务的完成提供学分。 • 在回答问题时,只要求学生写出关键字而不是写出完整的答句。 • 减少家庭作业的任务量。	• 给予更多的时间完成任务。 • 给予休息时间。 • 在难度较大或会引起学生焦虑不安的任务时减少作业时间。 • 延长作业的时间要求。 • 延长考试时间。 • 在回答问题前,给予学生更多的时间审题。	• 让学生与同伴进行合作。 • 指派一名不同年龄的或同龄的"小老师"。 • 从教职人员那里获得额外的帮助。 • 提供正强化物。 • 每天或每周向学生家庭寄送学习进度报告。 • 提供每日家庭任务单。 • 定期的家校联系。
输入	困难	输出
• 提供视觉支持。 • 提供额外的文字指示。 • 提供录制的书或材料。 • 使用肢体辅助。 • 提供具体的例子。 • 增加合作学习模式的使用。 • 提供预习的笔记和课程框架。	• 使用计算器或电脑。 • 简化作业任务或材料。 • 调整要求或预期。 • 调整技能水平。 • 使用更加简单的词语。 • 提供词语库。 • 引导学生使用彩色标记回答问题。 • 使用匹配而非填写的形式。 • 允许学生在考试过程中翻阅笔记。	• 口头回答。 • 多项选择、填空和匹配。 • 词语加工项目。 • 在答案上做标记或划线。 • 替代性评估。
参与	替代课程	平行课程
• 让学生在帮助他人的过程中参与活动。 • 给予替代性任务。 • 让学生与同伴或助教一起参与。 • 展示学生的天赋和能力。 • 找寻方法或途径帮助学生与同伴相融合。	• 聚焦个别化教育计划中的目标,通过普通教育的活动帮助学生达成目标。 • 与特殊教育教师合作开发替代性的课程目标和学习任务。	• 保持学科目标但使用符合学生学习水平的替代性作业或任务。 • 提供不同的教学和材料以满足学生的个体需求。

将个别化教育计划目标嵌入情景中

正如第二章中所阐述的那样,个别化教育计划是学区与学生家长之间的一份契约，以文件的形式落实诸多细节问题，包括学生将接受哪些服务，获得哪些支持。这是多方人员共同的责任，教师和辅助人员都有责任去了解学生的个别化教育目标并采取措施帮助学生达成目标。

教师及相关支持人员应尽可能寻求自然情境下的支持，以使学生达成个别化教育目标，并及时地抓住教育契机。如果个别化教育目标与课堂教学任务要求相匹配，那么目标的达成将会更容易。例如，作文任务也可以服务于学生个别化的书写表达目标。词汇和笔记能力可以通过学生参与历史课学习小组这一形式得到提升。

目前的问题在于：如果学生的教育目标与普通班的教育内容无关，我们应该怎么办？因为普通班的教育情境能够为学生提供大量的发展多方面能力的机会。

在不同情景中发展技能

对于自闭症学生而言，午餐铃声并不代表学习活动的暂停。在自然情境中，非结构化的时间为学生的社交沟通能力的发展提供了大量有价值的学习机会。当学生在午餐时间与同伴或同学们在一起时，他/她就获得了发展互动能力、个人管理能力（了解美容和时尚的趋势）以及在事情的发展未按照计划发展时问题解决的能力（思考折中的办法，如午餐时间学生想要玩棋类游戏，但同伴选择散步）。

学校能够为自闭症学生提供多方面的机会，帮助学生参与到正常发展同伴的活动中，通过案例和活动的参与，学生可以学习多种多样的生存技能。在这一过程中，学生能够发展其参与活动的能力、休闲娱乐的能力、家庭生活能力、职业能力、独立的问题解决能力以及自我倡导的能力。下面是一些案例。

阅读的流畅性

阅读流畅目标经常被写入个别化教育计划。普通班会为学生提供大量的朗读机会。班级内阅读流畅的学生在阅读时，自闭症学生可以跟随该同学的阅读逐字指点。建议教师在教室内安装一个建议箱，并布置给学生一项任务,即收集建议箱中同学们提出的各项建议,然后面向全班同学朗读。要求学生针对其感兴趣的话题制作课件向全班展示。此外,还可以要求学生绘制关于班级授课内容或集体讨论内容的表格,为学生示范流畅的阅读,采取口头的完形填空方法等。

书面语表达

语言课上,重点学习记笔记的方法以及书面语表达,这些能力通常也会列入学生的个别化教育计划之中。建议:制作一份班级的时事通讯并要求学生上交论文,要求学生在时事通讯板上书写信息(日期、天气信息、谜语等);给予学生撰写个人说明的时间;要求学生写出 2—3 个词语描述其对课程的印象;鼓励学生围绕其兴趣撰写文章。

休闲技能

对于自闭症学生的教育同样包括帮助他们发掘适合自己的休闲活动。根据学生的需求,可以允许学生参与活动的全过程或参与某个活动的部分环节。当我们在为学生计划可参与且有意义的休闲活动时,首先要考虑到学生的兴趣点。尝试和改进的过程是很有必要的。休闲活动包括:

- 团体运动(足球、保龄球);
- 个人运动(桌球、网球、跑步和游泳等);
- 表演艺术(音乐、舞蹈和戏剧);
- 美术(陶艺、绘画和雕塑);
- 参与表演(音乐会、电影等);
- 技术(网页制作、编程、写博客和浏览网页);
- 兴趣爱好(拍照、十字绣、集邮和搭建模型);
- 自然活动(露营、徒步);
- 参与某个组织(教堂的儿童小组、童子军);
- 参与社交活动(舞会、生日聚会、婚礼和家庭聚会)。

消费技能

在数学课上教授学生计算和问题解决的技能,以此为基础帮助学生进一步了解并学习消费技能。教师可以为学生布置相关的学习任务，增进其对于消费技能的理解。例如，要求学生计算并分析多种品牌的香皂中哪一款的性价比最高。

职业技能

自闭症学生通常需要学习未来工作中所需要的基本技能。职业技能的范围较广，并且通常与其他领域的技能相重合。独立生活的成年人需要具备如下的职业技能：

- 诚信守时；
- 遵守工作要求并认真履行自己的职责；
- 理解任务完成的概念；
- 遵守安全规范；
- 虚心接受指导并及时改正；
- 服从领导管理；
- 完成清洁工作；
- 工作中服饰得体；
- 合理安排并利用工作期间的休息时间。

汇报展示的技能

许多课程均要求学生在全班同学的面前进行汇报展示。自闭症学生能够在这样的活动中获得与同伴活动的机会，对其自身而言获益良多。这种结构化的活动形式非常适用于话题的交流和问题回答的学习与训练。

为学生布置任务，要求学生围绕自身感兴趣的话题准备相应的课件。学生可以在课件中添加图表以提升课件的档次。学生可以使用数码相机拍照并将照片插入课件。使用学生的照片可以增加观众对于展示的兴趣，并提升学生的沟通能力。

戏剧和即兴创作

戏剧和即兴创作活动深受学生们的喜爱。这种表演活动是一种有效的教育媒介，可以用于教授或培养学生的多种能力，包括非言语行为、情感发展、观点采择、合作、自信、理解他人的社交线索以及对话等。

教师可以使用录像机拍摄一段学生参与戏剧表演活动的视频。这样做的目的是为了帮助学生关注自身扮演的角色,不断地练习并从观众和其他角色的角度判断哪些是关键信息。恰当的肢体语言和语音语调等因素更有助于学生社交技能和社交行为的习得和发展。

自我倡导的能力

当学生的自我意识得到发展,并能使用所学的知识和技能与他人商讨自己预期达到的目标时,说明他们的自我倡导能力已经形成。自我倡导包括以下一系列的讨论,对话的讨论、特殊兴趣的讨论、学习风格的讨论、学习适应的讨论、甚至是与同伴或成年人之间关系的讨论。这些讨论可以帮助学生更好地理解对方并建立彼此之间的相互信任。相关研究表明,如果普通学生能够了解自闭症同伴具有一定的能力并与自己兴趣相同,那么他们会更愿意接受自闭症学生。

发现方法,使自闭症学生成为个别化教育计划小组的一员,这是提升其自我倡导能力的重要方法。倾听学生的期待、需求和未来的目标以及对于毕业后生活的担忧,将会有助于个别化教育计划小组更好地理解学生,并为学生制定更加有意义的目标。

学科相关的调整

表6.2 数学的调整策略

1. 同伴的辅助和指导。	13. 在课桌上布置一个数轴。
2. 使用模版。	14. 绘制问题。
3. 允许学生结对学习,其中1名同学抄写题目,然后2名同学一起解题。	15. 使用计算板。
	16. 使用闪卡练习。
4. 使用计算器计算和验证。	17. 使用高射投影和计算器。
5. 使用彩色记号笔标注关键概念。	18. 布置较少的问题。
6. 使用思维导图。	19. 在计算钱币时使用"超过1美元"策略。
7. 将学习任务进行分解,每次只布置其中的一部分。	20. 每次只呈现1个问题。

续 表

8. 使用个人案例或真实世界的案例。 9. 将相同或相似的问题合并。 10. 大富翁游戏：让学习钱币使用技能的学生扮演银行家。 11. 使用计算机中的数学学习软件和活动。 12. 使用数字印章、计数法或可撕去的贴纸标记答案。	21. 使用印有表格的练习纸帮助学生完成数字排列和排序的问题。 22. 使用加法、乘法和除法表格。 23. 将问题分解，并逐步讲授。

图6.2 促进互相支持的机会

表6.3 阅读的调整策略

1. 教师或同伴大声朗读。 2. 在教师指导下阅读。 3. 在大声朗读环节，学生可以不参与。 4. 限制阅读的量。 5. 预习阅读，找到新的词汇、理解图片、表格和图表的意义。 6. 重点标注出文本中的关键词汇或关键部分。 7. 同伴的故事总结。 8. 使用视觉支持。 9. 提前学习词汇。	10. 使用故事地图和故事情节框架。 11. 说出自己思考的内容：教师或助教大声读故事并示范使用理解策略（提问、推论以及与个人背景相联系）。 12. 准备各个级别或水平的阅读材料，并判断学生偏好何种类型的阅读材料（报纸、杂志和宣传册）。 13. 学生以多种形式展示自己对于阅读材料的理解。 14. 在阅读过程中，无须频繁地检验学生是否理解了内容的意义。

表 6.4　写作的调整策略

1. 使用填空的形式（词语、贴纸、文字标记、字母或图片标记）。 2. 使用思维导图：地图、散点图、韦恩图、时间轴等。 3. 给同伴布置记笔记的任务。 4. 提供替代性的写作任务：文字处理设备、插图、口头展示、课件。 5. 绘制图画。 6. 录音记录讨论和回应。 7. 使用调整后的材料（握笔器、方格纸、白板等）。 8. 使用图片排序卡，帮助学生理顺思路：将卡片排序，每张卡片上写一个句子，然后整理成故事。	9. 将谜语或谜题写在索引卡上，学生在卡片的背面书写答案并与他人分享交流。 10. 完形填空（打印出有关授课内容的笔记，并省略其中的关键词，学生使用选项中的词语进行填写）。 11. 配对：图片和图片配对，图片和文字配对，文字和文字配对以及定义和问题的配对。 12. 创建自己的图片词典。 13. 从家里带一张图片，然后用文字对其进行描述。 14. 将同伴口述的答案落实到文本。 15. 在多选清单上填写出确实的词语。 16. 描摹。

表 6.5　拼写的调整策略

1. 制作一份简短的清单（相同的词、不同的词或组合词）。 2. 当前调整后的词语学习数量目标达成之后，要求学生增加拼写词汇的数量。 3. 将词汇进行分组（辅音—元音—辅音形式的词语可以归为一类进行学习：bat、fat、rat、sat、cat、mat）。 4. 写出词语的首字母而非完整的词语。 5. 将词语拆分成音节和字母拼写。 6. 如果测试的内容是知识的回忆而非拼写，那么学生出现拼写错误时不应该受到批评。 7. 使用拼字游戏、磁性字母和字母卡片练习拼写。	8. 使用印有首个辅音的索引卡组成新的词语。 9. 将词语根据前后缀进行归类，并教授学生常见前后缀的含义。 10. 以彩色标记音节作为强调。 11. 通过拼写游戏进行额外的练习。 12. 口头练习拼写。 13. 使用数据记录表，记录学习进度。 14. 鼓励学生家长在家中和孩子一起练习。

表 6.6　听力的调整策略

1. 将言语形式的指导与示范和文字形式或图片形式的框架相匹配。 2. 在出现关键信息的地方给予"提示线索"。 3. 复习所学内容时，仅呈现相关的材料，复习和检验学生是否理解了。	9. 将新旧信息相联系。 10. 提供家庭成员外出活动的序列图片，学生使用这些图片与同学进行交流。 11. 使用音频教科书。 12. 完整地复述刚才所说的内容。

续 表

4. 消除课桌上那些可能影响学生注意力的物品。 5. 安排带有合作性质的同伴活动（UNO、SORRY、Monopoly）。 6. 使用积极学习策略而不是单纯的解释和教授。 7. 将学生的座位安排在扬声器旁边。 8. 简化词汇，使用短句。	13. 跟唱。 14. 使用"读者剧场"活动。 15. 故事接龙活动：学生们围坐一圈，每个人依次增加故事的情节。 16. 分角色阅读。 17. 短剧和独幕剧表演。 18. 创建计算机文本。 19. 同伴学习策略：思考并分享交流。

面向全体学生的调整策略

正常发展学生的学业发展也存在着极大的差异。适用于自闭症学生的调整策略可能也完全适合没有障碍的同伴。在决定采取调整策略时，你需要考虑以下几个问题：

- 要教授哪些技能或概念？
- 为了掌握这些技能，习得这些概念，需要具备哪些背景知识？
- 学生应该采取哪些学习步骤？
- 这些技能是否可以进行拆分并系统地教授每个部分？
- 这些技能或概念是否能够通过练习或实践得以强化？

自闭症学生在阅读理解、书写表达、问题解决和组织方面遇到的挑战，正常发展的学生同样会遇到。教师们经常会报告他们发现许多所谓的"正常发展"的学生存在一定的学习困难（但没有明确的诊断）。例如，在我的班级，我发现许多学生伴有注意力缺陷及多动障碍，在上课过程中经常注意力不集中且忽略了一些概念。这些问题影响了他们的学习，并拉低了学生的学业成就。

如果从整体上考虑班级中的学生，你将会发现学生需要获得不同层级的学习支持。有的学生不需要任何支持，而另一些学生需要获得大量的支持。这样的支持层级变化基于学科内容和学习内容的难度而发生。如果学生存在对于某些学习内容理解困难的问题，那么就有必要采取密集型的个别化教学或小组直接教学。通过研究学习内容的要求，你可以提前计划并使用一些调整和支持策略。委派一些学业成绩较好的同伴作为小老师，将更加有助于自闭症学生获得成功。此外，除了学业需求，自闭症学生在自然条件下的社交活动也是需要列入课程计划中的重点内容。

小结

学业内容的调整是帮助自闭症学生在普通班取得成功的必要手段。这些调整策略的使用需要细致的计划。通过与特殊教育教师的合作，普通班教师基于其对学生优势和问题的理解制定调整策略。对于目标学生的了解越深入，你所采取的调整策略就会越有效。在计划使用调整策略时，思考以下问题将会很有帮助：

- 不要局限于学习活动，而要从广阔的范围内进行思考，使学生获得不同水平的学习机会。
- 设计更加符合学生学习风格的学习活动和经历，并注意灵活性。例如，探索开放性问题、合作学习活动、同伴互动、主题教学单元、跨年龄分组、游戏、模仿、角色扮演和积极的实验。
- 了解学生的学习风格，并围绕其学习风格设计教学内容。
- 以学生可以理解的方式解释学习内容。了解直接教学和间接教学等多种教学方法。始终牢记并不是每位学生都需要不同的教学方法。对正常发展学生有效的方法很有可能也适合自闭症学生。
- 在教授某种技能时，为学生提供多种机会。
- 重视基于活动的小组教学形式。自闭症学生特别需要在共同目标的前提下，通过小组活动学习如何与同伴合作。

学业调整策略适用于所有的学科领域。如果你不适应某种调整策略，请及时咨询特殊教育教师以便获得替代性的观点。为了将学生的个别化教育目标与其兴趣、需求以及学习风格有机整合，你要选择并决定为学生提供哪些支持。咨询你的同事，并跟大家一起制定一份有效的教育计划吧！

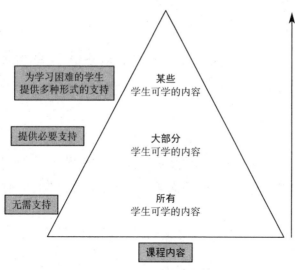

图 6.3 不同层级的支持

资源链接

资源 M 和 O：学生在普通教育环境下的参与性评估

你可以使用这份表格评估学生的学业、参与度以及社交技能。

资源 P：家庭作业总结

这份表格有助于家长和学生明确家庭任务的要求，需要哪些材料以及截止日期。

延伸阅读

Holden-Johns, B. (2010). *401 practical adaptations for every classroom*. Thousand Oaks, CA：Corwin.

Mazur, A. J., & Rice-Doran, P. (2010). Teaching diverse learners：Principles for best practice. Thousand Oaks, CA：Corwin.

Paradiz, V. (2010). Integrated self-advocacy curriculum. Shawnee-Mission, KS：Autism Asperger Publishing Co.

Shore, S. (2004). Ask and tell：Self-advocacy and disclosure for people on the autism spec-trum. Shawnee-Mission, KS：Autism Asperger Publishing Co.

第七章
课堂教学：班级整体教学的有效策略

本章将探索各种各样的课堂策略，这些策略提高了学生的参与度以及有意义的参与的程度。自闭症学生在学习有关学业内容时，有着巨大的潜力；然而，当教师的教学风格严重依赖于整体教学、以教师为中心的教学时，学习对于自闭症学生来说是具有挑战性的。

自闭症学生是如何学习的，学者对于此问题的解释迄今为止还没有达成共识。然而，可以肯定的是，如果教学方式与学生的学习方式不相匹配的话，无论是大多数自闭症学生还是非自闭症学生都很难保持专注。研究表明，许多教育自闭症学生的策略也有利于培养普通发展的学生。本章所包含的教学策略能够支持所有学生的学习，不仅仅是自闭症和其他障碍学生的学习。

当考虑使用何种教学策略时，要注意差异化教学的重要性。研究表明，当教师关注到每个学生的学习方式时，许多学生经历的学业和情绪上的问题便会减少（Ellis, Gable, Gregg, & Rock, 2008）。研究者（Bravmann, 2004）指出，差异化的教学基于以下三个理念：

1. 每个人的学习方式都是不同的。
2. 质量比数量更重要。
3. "一成不变（One-size-fits-all）"的课程教学认为教学的内容比学生的学习需要更重要。

这些理念要求每位教师回答三个具体的问题：

1. 对学生来说最重要的是什么？
2. 如何满足每个学生的具体学习需要？
3. 要如何展示他/她的学习成效？

强调基于活动的教学比学生被动的倾听更有效。教师应鼓励双向性的互动，要了解自闭症学生的个别化教育计划，并嵌入支持个别化教育计划目标的指导。适当的指导、舒适的环境和针对性的支持可以使学生取得更大的成就。

"国家课程报告的共同建议"(Zemelman, Daniels, & Hyde, 2005)阐明了如何紧密地结合最佳方法教育障碍学生,是全国专家对全体学生的普通课堂教学策略的最佳实践的补充。

"国家课程报告的共同建议"代表了专家以及来自各个教育领域包括科学、数学、语言艺术和社会科学领域的从业者的结论。虽然专家们具有不同的背景,但他们对教学和学习的基本见解是非常一致的。特别值得注意的是,在许多关键问题上,来自这些不同组织的建议是一致的(Zemelman 等,2005)。

国家课程报告的共同建议

- 减少整体教学和教师主导教学(例如:讲课)。
- 减少学生的被动性地坐、听、接收、理解信息。
- 减少陈述教学,即从教师到学生的单向信息传递。
- 减少对在课堂上保持安静的行为的奖赏或奖励。
- 减少课堂中填空练习、复述、完成作业本和其他"课堂作业"等任务的时间。
- 减少学生花在阅读教科书和基础阅读上的时间。
- 减少教师将涵盖每个学科领域的大量内容过于细化的尝试。
- 减少死记硬背事实和细节。
- 减少对学校中竞争和成绩的重视。
- 减少跟踪和测量学生的"能力组成"。
- 减少抽离式的特殊教育课程。
- 减少对标准化测试的使用和依赖。

- 增加经验性、归纳性、实践性的学习。
- 增加伴随着大声谈论与动作的主动学习,学生们投入其中、交谈和合作。

- 增加教师角色的多样化,包括指导、演示与示范。
- 增加对高阶思维的强调:学习一个领域的关键概念和原理。
- 增加对一些较小主题的更深入的研究,这样学生就会内化这个领域的探究方式。
- 增加真正文本的阅读:完整的书籍、原始文献和非小说类材料。
- 增加学生工作上的责任转换:目标设定、记录保持、监督、分担、展示和评估。
- 增加学生的自主选择(例如:自行选择他们的书、写作主题、团队合作伙伴和研究项目)。
- 增加学校民主原则的制定与示范。
- 增加对学生个体的情感需求和不同认知风格的关注。
- 增加合作与协作活动:将课堂发展为一个相互依存的共同体。
- 增加课堂的多样化,通过个性化的活动而不是隔离式教学满足个体需求。
- 增加普通课堂中给予学生的特殊帮助。
- 增加教师、家长和管理者的多样化、合作性的角色。
- 增加对学生成长的描述性评估的重视,包括观察/日常记录、会议记录和功能性评估评量表。

来源:Reprinted with permission from Best Practice: Today's Standards for Teaching and Learning in America's Schools, Third Edition by Steven Zemelman, Harvey Daniels, and Arthur Hyde. Copyright © 2005 by Steven Zemelman, Harvey Daniels, and Arthur Hyde. Published by Heinemann, Portsmouth, NH. All rights reserved.

克服语言和沟通上的挑战

自闭症学生可能会因其语言表达与接收能力的困难,而在课堂上出现注意力不集中,容易分心和焦虑的现象。尽管我们在第四章详细介绍了沟通,但我们仍要认识到明确的指导语的重要性。太多的词汇易混淆目标方向,因此要保持指导语简短而清楚。并且,教师应警觉学生因无法有效地传达他们的想法而导致的谈话中断。

下面的图表指出了自闭症学生在课堂上交流时,可能遇到的特殊挑战,以及一些帮助他们的策略。

表7.1 沟通挑战—解决方案

沟 通 挑 战	解 决 方 案
◆ 容易提出与主题无关的评论。 ◆ 容易中断谈话。 ◆ 容易抢话,且不让同伴有发言的机会。 ◆ 难以理解复杂的语言。 ◆ 难以跟随多步指令。 ◆ 误解了多义词在某一语境中的真实含义。 ◆ 对输入语言的处理可能会需要额外的时间,沟通对方需要等待回应的时间过长。 ◆ 不会注意到小组对话的趋势,并且会将话题切换到自己的特殊兴趣。 ◆ 不能理解一些微妙的交流方式,如微妙的暗示、语气、讽刺和肢体语言。 ◆ 对社会规则的遵守过于照本宣科,表现得不自然,像排练的一样。	◆ 教授适当的开场白。 ◆ 在小组中教授他们交谈技巧。 ◆ 教授有关谈话的规则和注意事项:轮流交谈,何时回答、打断对话或改变话题。 ◆ 录下对话并为学生回放,强调积极的对话。 ◆ 解释隐喻和词的双重意思。 ◆ 鼓励学生对有困惑的指令提问,要求重复、简化或写下来。 ◆ 在两个指令之间暂停,检查学生是否理解前面一个指令。 ◆ 把口头问题的数量限制在学生可以应付的数量上。 ◆ 通过看录像来识别非语言表达及其含义。

提供直接的指导语

自闭谱系障碍学生往往只能理解语言的字面意思,很难理解语言的修辞和其他形式的微妙表达。这就需要对方在沟通时表达清楚、简短、具体、直击要点。如,用讽刺性语言表达的"哦,那是太好了!"自闭谱系障碍学生会理解为真的在表扬他,从而会无意中引起误解。自闭症学生不理解某些"表情"是用来表达不满的。如果自闭症学生做了一些不恰当的事情,教师就需要用清晰、简短的语言告诉学生,他/她应该做什么。如果你已经了解学生进行沟通的最有效方式,就要尽可能地使用它。在与学生交谈时,请考虑以下建议:

1. 在授课前要确保学生的注意在你的身上,但这并不意味着一定是与学生的眼神交流!

2. 检查学生是否理解,要求学生做出回应以确保他/她理解。

3. 在学习新内容前应复习之前的学习内容。

4. 确保指令明确而具体,使指令不会产生歧义。

5. 正向引导,告诉学生你想要什么,而不是你不想要什么。

6. 肢体手势做示范。

7. 避免冗长的解释和过于频繁检查学生是否理解。如果学生回答错误,应立即给出正确的答案,然后再次提问。应避免"说教"。

错误的方式:

老师:现在我们准备做乘法题!我希望我们所做的一切能帮助你正确回答……山姆,让你的注意回到课堂……詹妮弗,回神了……好的,我们继续:9乘以9等于几?

学生:34。

老师:不,这是错的!要我说多少次你们才能克服这个问题?如果我只告诉过你一次就算了,我已经告诉过你一千次了!答案是81!哎(叹了一口气),我们昨天就做过这道题了!现在仔细听,让我们好好努力,一定要把它做对!9乘以9等于多少?

学生:我不知道。

正确的方式:

老师:9乘以9等于多少?

学生:34。

老师:答案是81。9乘以9等于多少?

学生:81。

老师:是的,81。你真棒!

不应该说什么!

- 避免过度使用代词:

如:"现在再做这个题目一次,这样我们就能学会它!"

改为:"做1、2、3小题,练习这三个问题中的步骤可以帮助你得到正确的答案。"

- 避免混乱的词语顺序：

如："在把你（完成）的练习册放在我的桌子上之前，确保它是完整的，并且把你的名字写在上面。"

改为："把你的名字写在练习册上面，然后确保你完成了整个练习册，再把你完成的练习册放在桌子上。"

- 避免有多重含义的单词：

如："让我给你解释一下这个。"

改为："这是这个游戏的规则。"

- 避免习语和比喻性的言语：

如："我今天身体抱恙。"

改为："我今天感觉不舒服。"

- 避免使用抽象的概念：

如："这个任务将有助于改变你的总体感想。"

改为："读这一章，你就会明白为什么没有工作的人生活很艰难。"

- 避免长时间讲解和复杂的指令：

如："现在，当我们完成这部分后，翻到第 45 页，并完成页面上的四个问题，但请记住，它们只是剩下的工作的一部分，我们还有任务在下一个页面上。如果你有问题，返回到第 15 页阅读目录，这些地方可以找到你问题的答案。听懂了吗？"

改为："看看你的清单，并遵循每一步。完成后请再检查每一个步骤。如果你需要帮助，请举手。"

基于自闭谱系学生的语言能力，可能有必要一次只提供一个指令，等待学生完成这一步指令，然后再提供另外的指令。

教师需要注意自闭症这一障碍给学生沟通带来的影响。当你与自闭症学生沟通遇到困难的时候，要注意自闭症的特征。下文直接引用了自闭谱系学生麦金尼蒂和内格里（2005）所说的话，以帮助我们更好地了解自闭谱系学生：

"我很少能听到句子，因为我的听力扭曲了它们。我有时能在一开始听到一两句话，然后理解它，但是接下来的一大堆词相互融合在一起，我无法分辨它的头或尾。"

图 7.1 过多语言信息

积极参与：学会倾听

自闭症学生在听口头指令时往往容易走神。对于自闭症学生来说，主动倾听并不是一种自发的行为。教师要系统地教授主动倾听的技巧，通过分解倾听的组成部分，然后强化每一个组成部分。

1. 教会学生在倾听时面对说话者。
2. 倾听时应看着说话者的某一个地方（这并不意味着他/她必须进行眼神接触）。
3. 将手放在合适的位置。
4. 当学生的表现合适时，每一次都要给予表扬和奖励。

视觉支持

文字可能会成为沟通的阻碍。俗话说"一幅画胜过千言万语"。当你第一次拿起这本书的时候，最先引起你注意的是什么？我敢断定是图片！

第七章 课堂教学：班级整体教学的有效策略

大多数患有自闭谱系障碍的学生，对看到东西的反应，比听到或读到的更积极。视觉支持，如图像组织、时间表、图片、图画和照片都能帮助学生更有效地处理、组织、记忆和反应信息。当学生理解了周围人对他们的期望时，

> 用图片向学生展示永远比用文字更有效。

他们就能做出适当的反应，同时他们的压力水平也降低了、问题行为也随之减少了。当口头或书面文字无法起到沟通的作用时，视觉支持可以弥补理解上的不足。

我们在日常生活中都会使用视觉支持来记忆事物、寻找地点和组织我们的想法。你启动电脑、点击图标、使用 GPS 导航、写任务列表，或者在墙上挂日历，你都会得到视觉上的支持。当你下次进入汽车时，请花一分钟时间注意一下汽车制造商设计的仪表盘上的所有视觉提示。对于那些患有自闭症的学生来说，视觉支持的使用可以帮助他们用具体的、平实的方式来看待世界。

为说明视觉支持的强大功能，我们准备了下面的例子。请比较以下两种指导餐具摆放方法的方式。请先阅读图 7.2 中的内容，然后再"阅读"图 7.3 中的内容。考虑哪种信息的呈现方式更容易达到预期目的。

把餐叉放在餐盘的左边，餐叉的柄应该与人最接近，餐叉的尖部指向前方，远离人。在许多家庭餐具中，有两种不同的叉子。更大的是餐叉，小一点的用于沙拉和甜点。

在餐盘上留下足够的空间，或者把餐盘放在餐叉旁边的垫子上，这取决于厨师准备如何烹制晚餐。如果晚餐要从炉子或餐具柜中端上来，盘子放那里就可以了，每个人可以在晚餐端上桌后把自己的盘子端到桌子上。如果晚餐和餐盘已经在桌子上了，把餐盘放在餐具的中心位置。此外，如果晚餐提供面包，在餐盘上放置一个单独的面包盘，在餐盘上的高度和杯子的高度相同。

在餐盘的右手边，首先放置一把餐刀。餐刀的刀柄应该垂直放置在人的前面。茶匙在餐刀的右边，接近于勺子的最宽部分。刀柄、叉、勺子应该是平行的。

一个基本的设置包括一个玻璃杯。位于汤匙的上方，就在刀尖的右侧。每个人都应该有一张折叠的餐巾，最简单的做法是把餐巾平折，放在盘子的中央。

这是餐具摆放的一种基本方法，并且这样看起来整洁与整齐。

图 7.2 餐具摆放的指令（一）

图 7.3　餐具摆放的指令(二)

明白了吗？合理的假设是，大多数人会选择这张照片来学习如何摆放一张桌子。图 7.2 显示的内容是没有必要的。图 7.3 清晰简洁，几乎没有出错的可能。

当你试图在书面指令和视觉之间做出决定时，试着从视觉上解决这个问题。通常情况下，视觉比文字效果更好。

记住：视觉支持需要与年龄相适应，并与学生的需要相关。视觉的布局和内容应该是有利于使用者的，只包含学生需要的信息，仅此而已。不要添加额外的与视觉支持目的无关的装饰和艺术品。

虽然大多数自闭症患者都是基于视觉思维的，但并不是所有的都是。然而，无论学生的学习方式是什么，它都极有可能是十分极端的，排斥或近乎排斥其他所有学习模式的。

图像组织

图像组织是指通过把抽象概念变成视觉形式，帮助学生理解抽象的概念。图像管理有各种各样的形式,每种类型都有不同的功能。下面的例子说明了图像组织的类型和用途。

思维导图(图7.4)可以帮助学生理解概念、图像和单词之间的关系。概念通常被封装在盒子或圆形中,在分支模式中与箭头相连。思维导图可以帮助学生将不同概念之间的关系形象化,离开思维导图,学生将很难理解概念间的复杂关系。概念地图也可以帮助学生们构建写作思路。

> **自闭症误识**
> 所有的自闭症患者都有视觉图片思维。
>
> **事实**
> 虽然视觉思维在自闭症学生中十分常见,但在普通人群中也很常见。每个人都有独特的学习经历;因此,并不是每个自闭症患者都是视觉思考者。

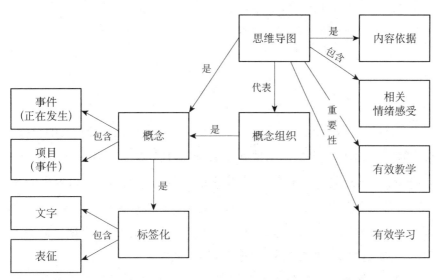

图7.4 思维导图

因果关系图形组织(图7.5),有助于帮助学生理解他们对情境(如令人沮丧的改变,欺凌、戏弄、愤怒的人)作出反应后所产生的结果。下面列举了典型的回应选择A(例如:"我尖叫"、"我打了……"等)及其对应的后果(失去特权、惩罚、被叫父母)。接下来填入更好的回应以及对应的后果。问学生:"如果我们下次尝试这种方法会怎么样?"与学生分享所有可能发生的积极的事情。

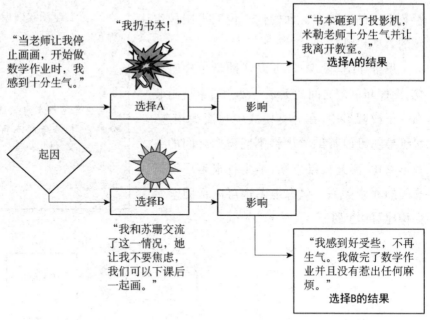

图 7.5 因果关系

目标设定图形组织(图 7.6),可以帮助学生形象化管理自己的目标。帮助学生把他们做得好的事情列出来,然后把这些信息输入到"我已经做得很好"的符号中。其次是"需要继续发展的领域"和"我需要做的事情"。帮助学生确定他们在哪里可以找到每个问题对应的帮助,并把它们列在"资源"中。当学生们讨论他们需要改进的地方时,实现目标的第一步是他们可以集中精力并且确定事情的优先顺序。

韦恩图(图 7.7)能够有效地反映事物之间的逻辑关系。简单的韦恩图由相交的两个或三个圆组成。共性特征在重叠区域中列出,借助韦恩图可以很容易确定共性和非共性的特征。韦恩图可以帮助自闭症学生们更好地理解不同事物之间的关系。

灵感软件™:支持学生思维组织能力的计算机软件设计网站。通过该网站,教师可以像图 7.8 中的例子一样创建图形组织。请登陆网址 http://inspiration.com/获取相关信息。

第七章　课堂教学：班级整体教学的有效策略　　145

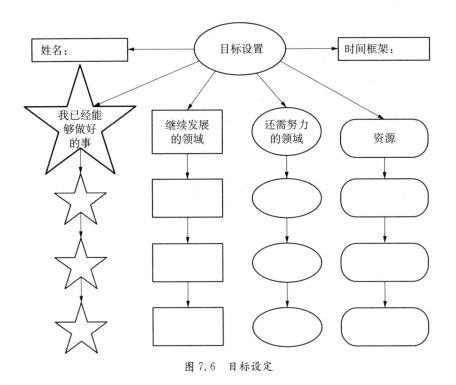

图 7.6　目标设定

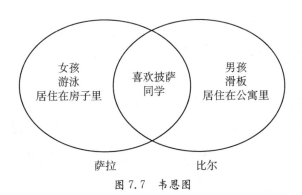

图 7.7　韦恩图

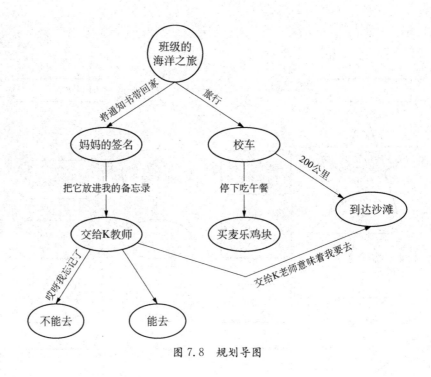

图 7.8 规划导图

基于活动的教学

基于活动的教学强调体验式学习,而不是全班式的小组教学和个人的任务完成。许多学生通过实际操作学习的效果比被动地听讲和记笔记的效果要好得多。这些活动应该(1)包含自闭症学生和同伴或一组普通发展的同龄人。(2)是有意义的并且在年龄上适合所有学生参与。

小组教学增加了教师在课堂上花在每个学生上的教学时间,同时也促进了学生之间的互动。学生们在小组中更容易提出问题。他们会更频繁地回答问题,并且得到更多的纠正性反馈。当学生们主动参与时,他们会更加专注,而更不易分心。

教授学生分组学习

自闭谱系障碍的学生需要学会如何在小组中合作。他们或许能够理解课程内容,但在与同伴合作方面却存在困难。帮助学生学会在团体中的合适行为,并给予他们足够的时间练习。与他人合作的能力是一种很有价值的工作能力,是学生在成年后需要用到的能力。

注意:如果让学生们自己选择小组成员,自闭症学生很有可能被排除在外。不管你用什么策略来组建小组,一定要小心,不要让自闭症学生被拒绝在小组之外。提前分组时,需考虑到每个学生的能力,注意个体需求的多样性。在为自闭症学生选择合作伙伴时,请选择那些有教养的并能包容个体差异的人。此外,要避免把所有自闭症学生放在同一组中学习。

图 7.9 基于活动的教学

发展小组技能

学生将学习以下内容:
1. 遵循小组的规则和程序,听从指令。
2. 完成教师分配的任务。
3. 轮流和合作学习。
4. 纠正错误且不伴以争论。
5. 为其他小组成员提供支持性的意见和帮助。

明确指令

提供清晰明确的指令。发展团队技能需要具体的指导和实践。请使用视觉支持强化团队技能并为学生提供充分的机会以一步步学习技能。

1. 确定并解释在团队中工作所必需的技能。
2. 示范合作行为。
3. 在进行复杂的项目之前,在小组中练习明确说明过的活动。
4. 为小组活动提供明确的最终目标或结果。
5. 当学生表现出适当的团队技能时,及时表扬学生。
6. 让学生进入更大更复杂的小组中进行能力提升。

简单的规则

学生们会遵循一些有意义且不复杂的指示。请把规则遵守的要求保持在最低限度,并使规则易于理解和遵循,此外还要向学生解释需要遵循规则的原因。

小组成员应该了解并做这些:

1. 了解小组的宗旨。
2. 了解小组活动的规则。
3. 通过展示自身能力的方式,为小组作出贡献。
4. 具备团队合作的能力或有机会学习这些方面能力。

使所有的小组成员参与进来

对于患有自闭谱系障碍的学生来说,团体活动是一项挑战,因为他们过于"标新立异"。这些学生并不总是能够进行合作与分享观点。增加学生与同伴的互动,同时指导学生合作和团队协作。向自闭症学生的同伴解释自闭症学生的需求,并教他们如何对其进行支持。考虑下列这些有助于有效团队活动的要素:

- 小组的所有成员都应被分配明确的角色。
- (当它是一个同伴群体的活动时,)团队的领导力是共享的。
- 一个团队的成功取决于所有成员。

关于合作学习的文献(Thousand, Villa, & Nevin, 2002)告诉我们,建立积极的、相互依赖的团队,首先需要建立共同的目标,小组所有成员都被分配相应的工作,所有小组成员都应被分配材料和资源,小组成员在团队中扮演不同的角色,并有机会获得团队奖励。以下建议为有助于提高自闭症学生在小组活动中的参与度:

- 经常向学生提问,这样增加了他们回答的机会。
- 要求学生们齐声回答。让他们任意回答。如果自闭症的学生进行了强迫式提问并干扰了小组教学,告诉自闭症学生把他/她的问题写下来。课后你会见他/她并回答他/她的问题。你可以偷偷地向他/她发一个视觉信号提醒他/她等待。
- 确保所有学生都参加。
- 使用信号和提示预示新活动的转换。
- 保持热情并参与其中。
- 经常表扬回应做法正确的学生。

图 7.10　分配激发学生思考的任务

避免承诺脱离任务式的奖励。例如,在一开始的时候,老师说:"当你们小组完成这个任务后,你们将可获得自由的电脑游戏时间。现在让我们赶快完成这个任务,这样我们就可以玩了!"如果学生完成任务的动机是与任务目标无关的,就会导致学生们的目标不是专注于理解课程和学习,而是要尽可能快地完成任务以便可以玩电脑游戏。这样的做法是错误的!

相反,应通过庆祝学习的方式引导学生关注结果。"我为你的辛勤工作感到骄傲,并希望你知道,学习这些技能将有助于你更好地理解你所阅读的内容。"这样一来,学生关注的焦点就会落在学习过程上,而不是外在的奖励。

结构化设置、可预测的时间表

课堂应该是有组织的,能够连贯而清晰地提供课程。自闭谱系障碍的学生喜欢知道事物的归属和预期。他们从常规中获得安慰,并且喜欢提前知道何时会发生改变。计划的活动应该以可视的形式和清晰的视图显示,这可以帮助学生学会独立地使用时间表。当要转换到下一个活动或课程的时候,同伴可以提醒学生看时间表。

为学生提供一个个性化的视觉时间表,时间表的设计应适合整个课堂教学。不同任务可以防止学生无聊,可供选择的活动可以降低学生的焦虑水平从而避免不恰当的挑战。熟悉的、有成功经验的和不太喜欢的活动交替进行。如果学生出现焦虑情绪,可以引导其从集体活动中脱离出来,暂时休息。

当学生有需要时,允许其四处走动。在学生被要求坐好的过程中,加入一个短暂休息环节可以预防问题行为的发生。了解更多关于视觉计划表的信息,请参阅第八章。

- 提供一个结构化的、可预测的、受欢迎的课堂环境。
- 准备一个可视的时间表,把它放在学生容易看到的地方。
- 调整教室环境,减少诱发问题行为的刺激。
- 将无法避免的刺激所带来的影响最小化。
- 调整材料和任务以避免学生的焦虑和沮丧。
- 提供一个放松区域。
- 帮助自闭症学生与能够示范课堂常规并愿意在自闭症学生需要时提供辅助的同伴建立联系。

同伴支持

同伴辅导是一种联系自闭症学生与他人,并促进双向互动的有效方式。当学生们与同伴一起学习时,我们能明显看到学生在学业方面的改变。辅导课程必须是结构化的,两个学生都有指定的角色。理想情况下,两名学生之间的关系是互惠的,双方都能从这段经历中受益。

调查需要计划支持的学生的需求和兴趣。为自闭症学生和同伴之间的互动提供机会,这样能使他们在开始时就处于一个较为舒适的状态。为了提供最适当的帮助,同伴必须理解自闭症的基本特征,并确保同伴的学业能力与个人能力与其所支持的学生的需求相匹配。以下是一些可供参考的策略:

- 让关系好的或是希望一起合作的学生一起学习。
- 让有相同兴趣的同学一起学习。
- 让受欢迎的、易与他人建立联系的学生与自闭症学生一起学习,这样可以扩大自闭症学生的社交网络。
- 教会"小老师"在辅导过程中使用什么任务和材料,如何给出指令,如何提供积极的强化,以及遇到不恰当行为时如何应对。

图 7.11 同伴辅导

无论能力强弱，我们都应该尊重每一个人。同伴支持者应认识到这段关系的意义，尊重每个人的独特才能、长处和兴趣，不要将某些学生置于权威和高人一等的位置，创造"仁慈的帮手"。鼓励那些在帮助者与被帮助者关系中处于接受帮助一方的人，尽可能展示他们的能力。鼓励自闭症学生运用他们的能力为他们的老师和同学服务。这本书中的卡通插图来自自闭症学生戴文，他是一位就读于我们学校的学生。戴文因其不可思议的艺术天赋和讨人喜欢的个性而在校园里声名远扬。戴文的美术班同学们钦佩他的能力，并会向他寻求帮助。他们认为戴文是一个有天赋的、能够帮助他们提高技能的艺术家，而不是一个残疾学生。

特殊的兴趣与动机

斯科特，一位患有阿斯伯格综合征的七年级男孩，对中世纪的历史充满热情。只要有机会，斯科特就会去图书馆查阅有关封地、城堡、骑士和黑瘟疫的书籍。斯科特对历史的热爱使他得到了老师和同事们的尊敬。在学年结束时，斯科特被授予了最热爱历史学生奖。在获得此项荣誉后，他最喜欢的老师汤普森给他授予了此奖。

这是一段说明了动机对于学习重要性的片段。当学生们有动机去学习时，他们会更感兴趣并且更加投入。如果动机提高，那么随之而来的是整体的提高。如果学生的特殊兴趣可以激发其参与课堂，那么就要想办法让学生利用他/她的特殊兴趣探索学习内容。

斯科特所获得的荣誉给他的家庭带来了极大的骄傲和喜悦。他的母亲在参加颁奖晚会后表示，这是她儿子第一次得到公众的认可。这一成就提升了斯科特的自尊心。罗伯特·凯格尔和琳·凯格尔(2006)确定了有效提高动机的5个成分：

1. 选择：努力给予学生完成任务的选择。选择包括使用的材料、合作伙伴、任务完成的顺序，以及任务的分配方式。
2. 在简单与困难的任务之间交替进行："死读书，读到死"式（drill-

and-kill)的方法并不是很有激励作用。给学生一些简单的任务帮助学生建立自信，然后再平缓过渡到一个充满挑战的任务中。因为他们有了前进的动力，才更可能完成艰巨的任务。

3. 自然强化：当奖励与学生行为直接相关时，很可能会使这种行为重复出现。学生们经常花几个小时给朋友发短信，但却很难完成写作任务。这并不难理解，因为发短信对于学生来说是一种奖励，可以激励学生完成这一任务。教师要寻找学生喜欢的东西，并找到方法把他们嵌入学习活动中。

4. 任务变化：如果任务在容易和有挑战性之间频繁转换，学习就会变得容易得多。这样一来，学生在完成一项需要大量思考的任务后，就能在精神上放松下来。

5. 奖励尝试：如果学生做出了真正的努力，他/她就需要得到奖励。许多自闭症学生在上中学时经历了反复失败，因而容易放弃尝试。如果我们对于他们的每一次尝试都给予奖励，那么，无论结果如何，他们再次尝试的意愿都将会大大增加。

教授独立性

习得性无助和过度的依赖是许多自闭症学生在多年的隔离安置和过度支持下习得的行为。从他们入学开始，很多学生就被贴上了"特殊教育"标签并遭受了不公平的对待，被认为他们的能力不如同龄人。他们会得到额外的帮助和协助，进而失去自己尝试解决事情的机会。

相较于普通学生自然而然地承担后果，许多自闭症学生却不必承担后果。例如，教师帮助特殊儿童打扫卫生，但希望普通儿童能自己打扫卫生。因为"他/她不能自己解决这个问题！"特殊儿童不恰当的行为被忽略了。

善意的老师和其他帮助这些学生的工作人员可能会不自觉地低估了他们的潜能，最终无意间剥夺了他们做出选择的机会。多年来，过度的帮助致使自闭症学生形成了过度的依赖和习得性无助，这种情形一旦形成就很难改变。用范特克里弗特和里克(1994)的话来说："不顾当事人的选择,就决定进行帮助是一种不尊重他人的行为。"

把自闭症学生看作是一个普通的人,若想在学生能力培养方面做到最好,就应去标签化。这并不意味着你忽视了学生障碍的表现,而是代表你更看重学生的潜力,消除了标签带来的不良影响。当你对学生的潜力不了解时,你可以进行询问。你能给特殊学生的最大的肯定就是相信他们的潜能,努力追求更高的标准,而不是预设他们是没有能力的。

辅助、示范和链接[①]

辅助是一种通过提供口头或是肢体的协助鼓励儿童参与的过程。如果用系统化的方式进行辅助的话,那将是非常有益的。辅助在促进儿童社会交往和学习的复杂任务中具有显著作用。

掌握一项任务或技能需要仔细分析完成任务的步骤。每一项策略都要为学生提供机会实践:学习和掌握任务的基本组成部分。注意要强调独立性以及所有辅助策略都是暂时性的原则。辅助有三种类型:

1. 听觉辅助,包括口头陈述如"嗨,凯尔,让我们开始做吧"以及声音信号,包括计时蜂鸣器或其他能发出声音的蜂鸣器。

2. 视觉辅助,包括姿势、手势、提醒卡、图片和图画,这些都是为了帮助或提醒学生完成任务而设计的。

3. 身体的辅助,包括轻拍学生的肩膀以引起注意。

辅助背后的基本概念是尽可能少地提供帮助。根据学生的需要,适当地增加或减少帮助。所有指导的最终目标是让学生尽可能独立地完成任务。

当提供辅助时,需要有一个关于辅助如何减少的计划。减少辅助又称消退。请考虑辅助的层次结构,系统的辅助包括,什么时候被给出,以及当学生掌握某一行为时,如何减少或改变辅助。

决定采取的辅助将取决于学生如何学习,以及如何满足教学任务的要求。辅助可以由多至少或由少至多。下面列出的是一份教学辅助的

[①] Adapted from Saskatchewan Learning (2001). Creating opportunities for students with intellectual or multiple disabilities: The Evergreen Curriculum. Regina, SK. Used by permission of the Ministry of Education.

清单,它是用于帮助学生完成一项任务的:
- 增加支持。
- 减少支持。
- 提供毕业指导。

提供指导
- 不要使用过多的力量去将学生的手移动至想要的方向。
- 在每一个辅助的开始,使用辅助所需的最小力度(如轻触),慢慢增加力度直至学生的手开始移动。
- 在行为开始时撤销辅助,在行为保持的前提下,尽可能持续撤销辅助。
- 如果学生动作停下来,逐渐增加辅助直到动作重新开始。
- 如果学生抗拒或抽离,请施加足够的压力使学生的手保持不动。当阻力停止时,逐渐施加足够的压力来引导学生的手。
- 只有当学生主动参与活动时,才在指导中给予口头表扬,不要在学生抵触或不参与要求的任务或活动时进行表扬。
- 坚持完成练习,不要放弃或中断。
- 当辅助开始撤销时,使用隐藏观察和消退等方式。

同伴辅助
同伴辅助是鼓励同伴互动的好方法。不同于成人给予辅助,班级教师可让提前安排普通儿童为自闭症学生提供帮助。例如,如果有自闭症障碍的学生易做白日梦,坐在他/她旁边的同伴可能会说:"嗨,米歇尔,我需要你帮忙解决这个问题,我们可以一起解决吗?"或者"史蒂文,快听K老师说,他有个很好的主意要告诉你。"另一种辅助的方法是在活动中,同伴提醒自闭症学生使用检核表来完成一个五步的任务。"好的,伊什梅尔,现在请做第三步,并在完成的时候核对一下。"

示范
示范是通过肢体演示所需做出的行为或反应。对于自闭症学生来说,这是一个强大的工具,因为这为学生提供了一个他们需要做出的反应的示例。示范可以单独使用,也可以与辅助一起使用。

以下是使用示范的过程:

- 引起学生的注意。
- 让学生表现出你想要的行为。
- 如果学生不能表现出行为,就向其示范。
- 让学生试着模仿。
- 强化适当的模仿(不一定是完美的)。

注意:如果学生不开始模仿,可以用辅助让学生开始学习。不要期望学生一开始就有完美的表现。在目标行为被执行之前,要不断地加强学生的模仿。

链接

链接是教授多步骤任务的一个很好的工具。教师可将大多数的程序、例程、职责、杂务和分配分解为组件步骤。通过识别较小的步骤,可以列出链中的每一个步骤,教授学生这个方法,然后再进行下一步,直到学生能够执行整个多步骤任务。链接策略有两种:

1. 正向链接:教师从多步任务的第一步开始,逐步帮助学生学习每一步,朝着掌握完成任务的方向前进。

2. 逆向链接:教师分解任务的步骤,并以相反的顺序教授它们。这给了学生每一次尝试都成功完成任务的满足感。为了避免学生在任务开始或者进程中有困惑,除了最后一步要求学生自己完成,教师做完了其他所有的步骤。当学生做得越来越多的时候,教师就会逐渐淡出,而且做得越来越少,最后总是以学生完成最后一步结束。

使用辅助、示范和链接是为了支持那些学生本来很难独立完成的任务和项目,是一种更高级策略的一部分。这种教学实践被称为系统教学。要获得更多信息,可以在互联网上搜索有关这一有效实践的专业性网站。最有可能的是,你的特殊教育同事可以在系统指导上,分享更多信息。当有人说"阿比盖尔不能学习!"时,你可以与他分享如何将学习分解成更小的单元的过程,系统地教授每个子单元。

这里有一个需要注意的事项：跳过步骤或者在任务序列中快进，可能会导致学生对任务失去兴趣以及产生挫败感。对于那些过度迷恋完美的自闭症学生来说，缺失的步骤可能会导致其情绪失控。你可以使用图片、图表、检查列表和具体的例子加强步骤的使用。

独立练习

独立练习必须被设计能够强化课程的学习目标，并且要能够提高学生的兴趣和参与度。对一些学生来说，增加练习、加强练习，并经常复习是非常有必要的。要确保练习尊重学生的需要。

- 在监督练习后允许独立的练习。
- 在让学生单独练习之前，确保学生能够完成所有的工作。
- 提供具有挑战性的工作，但不要使学生感到沮丧。
- 不要被不必要的"忙碌工作"占用时间。
- 使用同伴辅导和小组活动帮助学生保持对任务的注意力。

体验式的学习

从课堂之外的经验中学习

在课堂之外，有很多机会可以让学生和个体学习经验。体验式学习是帮助学生通过动手实践理解的重要策略。

下面提供了一种基于活动的学习方法，同时也可以促进同伴互动。在开始小组活动之前，要确保每个学生都有自己的角色。

在分配小组角色时，要考虑到每个学生的长处和兴趣。例如，如果这个学生是一个有天赋的艺术家，他/她就可以被分配创作插图的任务。

这里有一个建议：如果你让学生自己组队，一定要事先做好计划，以确保患有自闭症的学生不会被排除在外。请预先准备好，并让其他学生了解患有自闭症的学生。小组成员一起努力可以提高学生的参与度。

学习小组：学生以团队为单位集中坐在一起，教师给出一组材料或具体的内容让他们学习。团队成员们在信息上互相指导。这种材料是复杂的,可以针对每个团队成员的特点进行个性化的调整,可以就材料对学生进行单独的或小组形式的测试。

研究小组:当课堂上出现问题时,学生们会把一些问题写进社区课堂笔记中。由几个学生组成的研究团队(两三个学生,包括自闭症学生),团队成员被要求在课程期间进行研究调查,通过采访知识渊博的学生或学校的员工,或在互联网上搜索与研究主题的信息,又或者从其他渠道取得信息,来解释概念。信息的呈现利用了每个研究团队成员的优势。如果自闭症学生是一个优秀的插图画家,那么他/她可以通过一张海报来展示这个团队的发现。如果这个学生是一个计算机专家,那么他/她有能力制作一份带有嵌入式媒体、图片和插图的 PPT。一个团队成员可能会负责在演示文稿中添加文本,而另一个成员可能负责讲解团队的发现。

班级、年级或学校的调查小组:每周选择一个与教学内容或学校相关的问题,向学生主体进行调查取证。这可以以合作的形式完成,包括采访者、记录员、数据分析员、插图画家和演示者等。采访问题可以被录下来,晚些时候可以回放和转录。

社区外展小组:确定在主题领域有专长的社区成员,进行一次采访,收集相关资料或信息,并向全班作报告。

课堂简报:小组学生使用计算机,为正在进行的课堂简报设计布局、主题和插图。新闻简报的准备工作可能包括:收集同学的故事、拍数码照片、文字处理、打印、编辑、复印、整理、订书,以及送报给学校的其他班级。

表演艺术与技术性能分析:患有自闭症的学生与学校乐队、舞蹈班和戏剧班的成员进行小组活动。学生用摄像机拍下小组的表演。拍摄的视频是用于通过回放对表演进行分析并从中获取乐趣。

自闭症学生通过开发一个表演资料库的方法,帮助持续记录同学们的表现。同样的方法也可以应用到视觉艺术课上。学生将同伴创作的艺术作品拍成数码照片,并通过各种媒介,包括演示文稿展示。如果这名学生是计算机和网络方面的高手,他/她可以开发一个专门用于展示课堂艺术的网站。

授课服务:一名学生在课堂上为缺席的学生上课或录音。这些磁带被存放在图书馆里,然后向学生们开放。这个活动可以作为一个学生媒体班或领导班的小组项目,同时还可以开发一个检索系统,并列出 CD 或磁带存储盒中内容的书面介绍和概要。

章节释义阅读:对于无法理解本年级阅读材料的自闭症学生,教师可以为他们安排一个普通发展的同伴,在上课前的某一天阅读课文中的一章,并将内容改写成一个缩短的版本。这个活动可以帮助自闭症学生做口头上的练习,也可以借助较短的、更容易阅读的书面形式,以及图片和图形加强理解。教师还可以用免除这一章的测试作为普通发展学生完成额外任务的交换。对于普通学生来说,总结章节的过程是一项强大的学习工具,它所带来价值等于甚至高于学生为了考试单独学习这一章节的价值。

小结

教师可以为了自闭症学生进行大量的工作以加强教学过程。通过提供明确的指导,有效地实施大组和小组教学,通过运用提高参与和学习的策略,教师可以为大多数学生提供最优的学习环境。

在制定教学计划时,需考虑学生的学习风格。将教学与先前学习的内容相连接,同时确保新概念的逻辑顺序和联系。关于教学内容、课程和适应的关键决定,是普通教育教师与特殊教育工作人员以及个别化教育计划小组成员的共同责任。

教学的数量和质量对学生的学习有很大的影响。承诺尊重学生的工作时间对于学生获得成功的学习成果是很重要的。教师要保证学生的兴趣和参与度,空闲时间会让学生感到乏味。当教师积极地参与到教学中并监督进度时,学生就会出现更多的学习行为。请表达你对学生学习能力的真诚信念,并对其成就抱以较高期望。

不仅仅是自闭症学生,对于任何一个视觉学习者来说,使用图像组织和其他的支持策略都可以帮助强化概念。视觉信息是具体的,且有多种形式。教师可以选择使用本章中的任何一种策略,或者自己编一种。图片也是教学概念的有效工具。图形的组织可以用来帮助自闭症学生对抽象信息建立视觉联系。

在课堂上发现、处理和分发材料需要花费大量的时间。整理规划好工作区域,这样就不会因为找材料而浪费大量宝贵的时间。还应注意建立学习材料的程序,并将常用的材料存放在容易找到的地方。

如果学生需要辅助,给予学生完成任务所需的最少帮助。根据学生需要的程度适当地增加或减少援助,注意学生独立学习的需要。大多数的辅助策略,以及一般的支持,不应该是持久不变的状态,要逐步适当地减少或撤销辅助。

自闭症学生可以通过实践获得最好的学习效果。具体的经验对自闭症学生来说尤其重要,而且自闭症学生应是真正地融入其中、参与活动。在小型合作学习小组中学习,可以让学生有机会相互交流和学习,这就是要进行交流的原因。

资源链接

下列资源在评估课堂常规和教学实践的有效程度方面很有效:

资源 A:普通教学教室——目标和期望的结果

资源 B:初中普通教育教室——授课

资源 J:指令、小组管理目标和期望的结果

资源 K:融合支持教师的作用与管理区域

资源 M:学生在普通教育环境下的参与性评估:表 1

延伸阅读

Farrell, S. C. T. (2009). Talking, listening, and teaching: A guide to classroom communication. Thousand Oaks, CA: Corwin.

Gangwer, T. (2009). Visual impact, visual teaching: Using images to strengthen learning (2nd ed.). Thousand Oaks, CA: Corwin.

Goldstein, H., Kaczmarek, L. A., & English, K. M. (2002). Promoting social communication: Children with developmental disabilities from birth to adolescence. Baltimore, MD: Paul H. Brookes.

Koegel, R. L., & Koegel, L. (2006). Pivotal response treatments for autism: Communication, social & academic development. Baltimore, MD: Paul H. Brookes.

Thousand, J., Villa, R. A., & Nevin, A. I. (Eds.). (2002). Creativity and collaborative learning. Baltimore, MD: Paul H. Brookes.

# 第八章
组织

许多孩子都在与"杂乱无章"作斗争。随着大脑的发展,组织能力逐渐成为年轻人的自然组成部分。组织能力的差异也是一种基本的人格偏好,不一定随着年龄的增长而提高。如果你看到我工作的地方,你可能会怀疑我是如何完成工作的。到处都是随意摆放的书籍和杂志,成堆的文件堆得很高,最上面还用盘子装着一个吃了一半的三明治,摇摇欲坠。整体而言,我还是成功地解决了这种杂乱无章,完成了工作;当然,除了找不到手机和钥匙外。

患有自闭谱系障碍的学生与他们普通发展的同伴是不被允许这样做的。组织混乱可能会造成严重的问题,如果不及时纠正,可能会影响学生在家庭或社交方面的能力。

我们生活在问责制的时代。由于美国联邦和州的相关立法,现如今学生承担着更高的期望和更大的责任。他们要对多达七位任课教师的要求负责,每门课都有各自的作业、考试和要求。下课后,学生回到家还要完成家庭作业。许多孩子为了赶上进程会变得紧张和缺乏条理。这些多重的挑战会导致学生出现情绪焦虑和学业失败。

小学阶段,教师们会时刻关注学生并提供组织方法的指导。不同于小学阶段,高年级学生被期望变得更加独立和有组织性。对于那些不符合老师和父母期望的学生来说,生活是痛苦的。

每年,老师们都会看到同样的现象:学生在新学年伊始的时候承诺会取得好成绩。他们来学校的第一天带着装满文具的文件夹。空气中充满着对成功的希望。然而,几个星期之后,我们开始担忧了。我们注意到皱巴巴的纸张、没有洗过的运动衫还有被压在书包最下面的长期没完成的作业。不出意外,学生没有把未交的作业及时补上,随之而来的,那些之前的高期望开始下降。这些问题可能会损害学生的自尊并给父母带来压力,并有可能带来毁灭性的打击。

书包的状态是判断是否存在问题的一个标志。尽管许多自闭谱系障碍的学生有学习的潜力,但他们在理解、计划和组织信息上存在困难。如果要学生发挥他们的潜力,教师就需要在课程中运用教学组织策略。

组织的定义

我们将在本章讨论两种组织形式:物理组织(管理材料)和思维组织(组织自己的想法)。"执行功能"一词是指学生在头脑中组织信息的能力,这种能力使学生能获得、加工和利用信息从而产生新的想法。

从开学第一天起就建立起学校组织的日常活动,包括提供给父母所需用品的清单,以及如何建立家校联系的相关指导。从开学第一天起,与家长之间建立良好的关系。优质的学校组织需要获得家长的支持。一般学生的组织活动任务包括以下这些内容:

1. 在上课前交作业。
2. 拿出纸、课本、铅笔或钢笔。
3. 在黑板上核对布置的作业。
4. 当完成任务时,将讲义和其他课堂材料放在指定的活页夹中。在备忘录中记下作业任务,然后整齐地放在书包里。
5. 在下课前留出3分钟用来装书和材料。

鼓励父母在家中使用同样的方法(例如:检查备忘录、在特定的时间完成作业、家长给学生布置预习作业、清理书包和检查是否带齐了需要的学习用具)。

教师可以通过与特殊教育教师、学生和支持人员合作学习如何使学生最好地获得新信息。仔细阅读学生的个别化教育计划目标,并有目的地观察学生所遇到的组织活动的挑战。寻问学生,他/她是如何最有效地记住事情的。了解学生的日常生活习惯会帮助你与学生建立联系,并与学生一起寻找解决组织问题的方法。你之前了解的越多,之后所需要的尝试的次数与可能犯的错误就越少。

图 8.1 有条理是很重要的

执行功能

"执行功能"指的是一个人能够通过信息进行内部思考,并有效地组织信息,从而达成目标。具有良好执行功能的人具备以下的能力:

能将任务按逻辑顺序排列;

能将信息分组或分类;

能按照预先设定的优先顺序排列目标;

能理解选择带来的行为后果;

能将经验教训运用到类似的情境中;

尽管分心了仍能专注于一项任务;

能进行预期转换,并在所预期的下一个活动中调整当前的活动;

能将先前学到的信息运用到新的或扩展的概念中。

自闭谱系障碍学生在掌握这些技能上存在困难。他们在组织和计划方面面临挑战。他们纠结于信息加工,任务转换,会在出现问题之前过度预测问题。在帮助他们之前,你先要理解学生所遇到的挑战的本质。如上所述,首先要了解学生的挑战,这样你才能为他们提供有效的策略。

管理信息

诸如便利贴和提示板这类的视觉支持可以帮助我们记住日常的责任、为我们提供组织支持,也可以帮助自闭症学生保持条理。学生的备忘录、检查表、时间表和图表也都是具体的,这些也是方便使用的方法。

备忘录

备忘录是学生记录所有作业任务的地方。核对备忘录能帮助学生想起近期需要完成的任务和截止时间。备忘录是长期计划的起点。

教师应指导学生在备忘录中记下任务,并对学生的记录结果加以检查,从而确保学生正确记录作业要求,以及在合适的位置写下每项作业的截止时间。请参见图 8.2 中的示例。

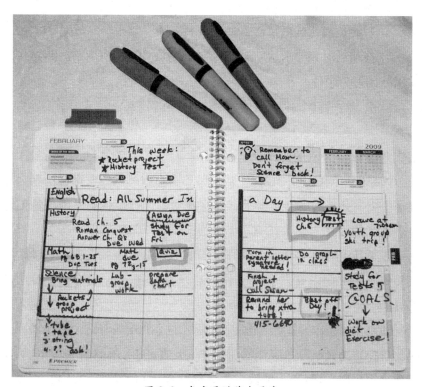

图 8.2　备忘录的基本要素

用荧光笔和彩色标记强调或区分不同的活动(例如班级、工作、学习和练习)。帮助学生养成利用备忘录监测作业的完成情况习惯。

备忘录检核表

学校要求学生有一个具体的备忘录吗?

学生如何有效使用自己的备忘录?

父母是否会检查备忘录并签名?

如果学生忘记在备忘录中记下作业,他/她会打电话向其他同学询问吗?

如果学生因没有交作业而成绩不良,或是忘记把需要父母签名的表格带回学校,他/她很可能就不会利用备忘录。请利用下面的问题让学生评价自己的表现。你可以使用"总是"、"有时"或"从不"来判断回答下面的语句,然后再进行核对。该学生:

1. 不知道作业的截止时间。

2. 对测试或考试毫无准备。

3. 在最后时刻寻求帮助;例如:"火山"这一章将于明天结束,学生还没预习过第一课时。

4. 在长学期项目结束的前天晚上才开始准备。

答案与建议应采取的行动

如果四个问题的答案都是"从不",那么你很有可能要把你的精力花在那些更需要帮助的学生身上。对这些学生进行检查从而确保他们保持着良好的习惯。

如果其中有两个问题的答案是"有时",那么学生就需要从表扬中得到一些力量。你需要教会学生将备忘录作为记录信息的一个有用的工具。

如果至少三个问题的答案是"总是",那么就意味着这个学生需要大量的支持帮助其学习如何管理自己应承担的责任。在这种情况下,你需要建立家校联系,制定一项教学生如何管理承担的责任的计划,在家长的参与下,建立一个家校的系统以确保学生能够完成自己应承担的责任。在整个过程中,你要密切关注并记录下学生的进度。

视觉时间表

视觉时间表能将时间的抽象概念转化为具体的图像。时间表会以一种清晰而整齐的方式告诉学生即将发生的事和未来会发生的事。视觉时间表可以通过减少意想不到的变化减少学生的挑战行为。

制定有效的视觉时间表的第一步是评估学生对不同形式的视觉沟通方式的理解能力。例如,如果学生可以理解照片,但是基本建立在对物体的理解上,那么时间表就可以包含物体和照片的组合。当学生只能理解物体时,可以通过将物体与图片的匹配的方法帮助学生理解图片的含义。当学生可以理解照片时,物体就可以被移除。记住一定要将照片和图片标志与文字相匹配。视觉沟通的层次结构(从具体到抽象)如下:

物体(整个物体、小型物体、部分物体)

照片

图片符号(例如 Maryer-Johnson 图片交流符号)

文字

视觉时间表用符号(图片、文字、图标)将班级活动按发生的顺序组织起来。它们帮助自闭症学生理解将来会发生的事,并对特定的时间或活动的预期更清晰。视觉计划表有助于减少学生的焦虑,因为视觉化将未知变成了学生所能理解的有形事物。

当自闭症学生的安排有结构和可预测时,他们会表现得最好。你会发现这对所有谱系的学生都是适用的。相较于一般的时间表,强调学生需求的时间表更有效。学生应该很容易获得时间表。一些学生会将他们的时间表放在活页夹的前页。一些学生会将它贴在备忘录的里页。当学生无法严格遵守时间计划时,在时间表中加入开始和结束时间是一个好主意。如果学生提出异议,指出活动没有准确按照时间表的安排进行,可以选择除去具体时间只保留活动事件的顺序。

视觉信息应该是简单明了的,要选择对学生而言最重要的活动,使用学生最能理解的单词、符号或图片的组合,突出显示或圈出关键词以获得最重要的细节也是一个不错的主意。时间表可以在当场进行修改，如果学生对时间表的变化感到焦虑，那么可以在选择或者加入一些内容时，用中性的语调解释变化。记住：你要把视觉信息（变化中）与语言信息（解释变化）相配对。

如果学生倾向于坚持严格的时间安排，你可以制作一个未定义的时间表（见表8.3）。此外，你还可以通过使用符号表示"我不知道"来构建灵活性。例如，可以使用问号，这样你就可以对这一活动的安排迟些做出决定。为了取得更好的效果，时间表应具有一致性，"使它成为日常生活中必不可少的一部分，在信息交流中不断地引用它"（Hodgdom，1999，p.38）。

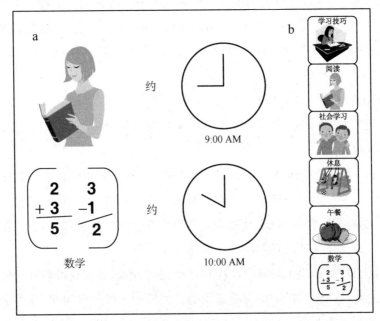

图 8.3　未定义的时间表

使用视觉时间表的策略

并不是所有的学生都需要借助视觉时间表理解活动安排和时间框架。如果学生表现良好，就没有必要使用视觉时间表。使用视觉时间表是为了：

- 提供结构和可预测性(有效地减少可导致挑战行为的焦虑)。
- 将抽象的时间概念,如"晚些"、"接下来"或"最后"等变得更加具体。
- 当常规的日程安排中发生意想不到的变化时,能减少焦虑。
- 帮助学生从一个活动过渡到下一个活动。
- 增强学生的独立性。
- 为注意力不集中的学生提供结构表,并为普通班级中的成功融合提供支持。

检核表

我们发现使用检核表的学生需要的辅助较少。使用检核表能充分利用学生的视觉优势,促进其独立,并使目标方向更加具体。当完成一项作业时,划去该项作业任务,这一过程可以帮助学生获得成就感。

检核表包括下面这些内容,例如,提醒学生拿出笔和纸,在纸上写名字、记下上交的截止时间、阅读要求、完成任务、将任务安排记录在笔记本上合适的位置(例如:今晚做、这周做),将作业记在作业清单中,得到老师的确认签名、回家完成作业。示例见图 8.4。

颜色编码

鼓励学生使用颜色编码整理学习笔记、讲义、文具用品和备忘录。颜色编码是课后整理的好方法,不同颜色的编码可以帮助学生明确要完成的作业以及作业要在何时何地完成。

在休息的时候,教学生利用颜色编码整理笔记。首先,与学生一起复习笔记并比较内容的主题和重点。为每个主题,搭配一个高亮显示的颜色,并使用这个颜色突出显示每个主题的信息,然后就可以根据主要的主题重新组织这些笔记了。这一策略可以帮助学生将教材内容融入笔记中,获得更好的复习从而为考试做准备。

你也可以教学生通过多种方式运用颜色编码以准备考试。学生可以用不同颜色的墨水或不同颜色的便利条制作不同主题的卡片。学生还可以用不同颜色来整理信息:为了显示支持不同观点的具体细节,用不同的颜色代表不同的观点；为了区分关于不同主题的信息,用不同的颜色写下每个主题的观点和具体内容。另外,利用彩色荧光笔可以识别重要的信息。这需要你发挥创造性！你还可以考虑用颜色编码的方式来表示所要学习的信息之间的关系。

```
周一放学之后
☑ 点心。
☑ 独自待着。
☑ 4:00 喂鱼。
☑ 扔垃圾。
☑ 把碗放到洗碗机。
☑ 给妈妈看作业单。
☐ 做作业——数学 56—59 页,然后做英语作业。
☐ 晚餐。
☐ 完成家庭作业。
☐ 打开活页夹——按顺序放好作业。别忘了！
☐ 自由活动时间。
☐ 准备睡觉。
```

图 8.4 检核表

作业挑战

自闭症学生在放学回家后需要解压并逃到他们认为安全的地带。对于许多人来说,这是一个关键的生存策略。很多时候,因为药物的副作用,学生还没完成家庭作业时就已经精疲力尽了。学生已经在学校里控制了一整天,现在他/她正受到药物副作用的影响。他/她有放松的需求或是作业对他/她而言负担太重了。

用一位母亲的话来说,很多这样的孩子都在努力地完成家庭作业的要求,但在学校里努力保持一整天,使得他们晚上没有多少精力完成家庭作业,许多服药的孩子在下午就会出现"反弹效应"。这削弱了他们晚上的推理能力。

家庭作业必须被视为是和学生放学后所遇到的挑战水平有关的。不要将学生不好好完成家庭作业视为一个情绪问题，然后坚持要他/她完成所有的功课。要像其他事情一样，将完成家庭作业这件事看成是一件需要老师、家长、教学助理和学生共同解决的事。

管理学习用品

许多自闭症学生不能很好地管理学习用品。他们会丢失讲义，忘交作业。他们的书包看起来乱七八糟的，到处是折皱的纸和随意摆放的文具。他们找不到本应带回学校的通知单或是上周就应该上交的作业，也没有完成重要的家庭作业。我们的一位自闭症学生在科学课的所有测试中都取得了高分，但是总评却获得了C，因为他多次忘交作业。以下是一些要牢记的技巧：

- 学生需要对自己的学习用品负责。当学生"忘记"带自己的铅笔或钢笔时，不要重新发放铅笔和钢笔给学生。
- 最好使用一个三环活页夹，每一个主题都用彩色编码的标签标记。标题可能包括"任务/日期"、"今晚要做的"和"正在完成的任务"。
- 学生可以用一个带拉链的文具袋来装铅笔、记号笔、橡皮和卷笔刀。
- 在使用颜色编码的材料中，将同一课程的课本与笔记用同一种颜色标记。
- 将优先需要完成的任务用同一颜色标记。
- 如果可以的话，准备两份课本，一本"留在学校"，一本"留在家里"。
- 每周安排一次时间，帮助学生在学校里清理书包。当学生养成这个习惯时，逐渐减弱支持。不再支持后，仍需要监督以确保学生保持良好习惯。

三环活页夹

对于整理和记录信息，我们非常推荐使用三环活页夹，像讲义、笔记和作业这些材料,学生经常会因为缺乏一个有组织的储存工具而丢失。三环活页夹可以让自闭症学生将课堂材料整理到一起,同时这个活页夹也很轻便易携带。

三环活页夹相较于螺旋型笔记本有四个优点:第一,可以方便地插入和拿掉笔记,以便重新整理、阅读或复习。第二,通过使用一个三孔打孔机多余的纸张可以很容易地被整理起来,这使得所有的课程材料都可以被放在一个地方便于使用。第三,可以通过主要的主题对课堂材料进行分类或将笔记、作业和其他课堂讲义分开放。最后,大多数三环活页夹都有内袋,用来存放额外的纸张和材料。在使用三环活页夹前需要告诉学生以下三个说明:

告诉学生要给他/她的父母写一张便条要求购买放在三环活页夹中的分隔页,学生可以用分隔页将每一门课程分开。

帮助学生把笔记和讲义放在活页夹的适当位置。在反复多次后逐渐去掉这项支持,但是要保持持续性的监督,确保学生真正养成将纸放在适当位置的习惯。

鼓励学生使用三孔打孔机来准备纸张,而不是去买三孔纸。然后训练学生在相应的活页夹中插入作业和讲义。这个习惯是学生要学会的一项重要技能。

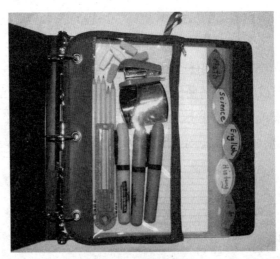

图8.5 三环活页夹

工具

希望学生带着铅笔、橡皮和纸来学校写字,这似乎是合情合理的。然而,经验丰富的教师对于学生没带这些工具的情况并不感到惊讶,尽管早前已经向学生强调过要对自己文具负责。不要总是妥协,为学生提供他们需要的东西。要记住独立和自我决定的重要性,要让学生学会对自己的物品负责。

图 8.6　学习用品

小结

对于所有的学生来说,组织是一项重要的生存技能,对于那些自闭症学生来说这一点尤为重要。教师期望初中生、高中生做事是井井有条的。大多数普通教师强调组织和帮助学生发展组织技能。然而,在初中或高中时,教师对于学生的期望会更高,而当学生不遵守推荐的策略时,教师的容忍度就会降低。

许多自闭症学生很难找到他们的材料和作业,需要在他人帮助下完成任务、整理文件和信息。本章分享的策略需要尽早建立并不断加强。在开始阶段,教师应该在他们的教室里为学生提供视觉提示和图片线索。视觉支持，如备忘录、时间表和检核表，这些都能帮助学生更有效地处理、组织和识记信息。在缺乏组织的情况下，这些学生可能会面临失败的风险。

除了帮助学生组织信息外，老师还需要帮助学生学习如何管理学习用品和材料。一个好的、有组织的三环活页夹，里面应当装着一个可装铅笔、橡皮和彩色荧光笔等日常用品的供需袋，可以帮助学生更好地管理在课堂上所需要的学习用品。学生也应该有专门针对某一课程的材料。如数学课可能需要一个计算器和一把尺子，英语课可能需要一本字典和一本同义词词典。学生上课所需用具的图片可以帮助他们选择要从家中带来哪些物品。

此外，颜色和符号可以帮助学生明白需要完成作业的优先顺序以及何时何地上交作业。例如，教师可以在每个科目的对应区域建立用颜色编码的文件夹。如果学生提前完成任务，他们可以在到校的早上立即将完成的作业放到相应的文件夹里。

为了让这些策略发挥作用，自闭症学生需要不断地练习并在家庭的支持下学习组织技能。建立一项具有一致性的日常活动对分配和收集课堂作业和家庭作业同样重要。

教师也可以帮助学生理解在日历中列出"待办事项"的最佳方式，帮助学生学会利用这些列表完成任务。大任务应该被分解成可管理的小模块或者是单独的子任务。学生应该计划完成每项任务需要的时间并在完成一项任务或作业后进行检查。

学生们生活在他们自己幻想、梦想和恐惧的平行现实中。通常情况下，他们内心的想法会被我们无法分享的优先事项所消耗。在学生心目中，学校组织和完成家庭作业难以与（Xbox 360™）相比。教师和家长需要理解孩子的想法，然后引导他们为重要的事情腾出空间。

资源链接
资源 P：家庭作业总结
它为教师提供了一种可以帮助家长清楚地了解学生的家庭作业、需要什么材料以及截止日期的途径。

延伸阅读

Burke, J., Steinkamo, B., & Charron, C. (2010). The Planner Guide: an organizational and reference system for people with social and cognitive challenges. Williamston, MI: The Planner Guide LLC. On the web: info@theplannerguide.com

Goldberg, D. (2005). The Organized Student: Teaching children the skills for success in school and beyond. New York: Fireside.

Gore, M. C., & Dowd, J. F. (1999). Taming the Time Stealers. Tricks of the Trade from Organized Teachers. Thousand Oaks, CA: Corwin.

附录1：
常用术语表

调整(Accommodations)： 变化环境、设备以及课程形式，让学生平等地接受知识。调整与修改不同的是，它并不改变教材的实际内容。

适应(Adaptations)： 包括对残疾学生的教学内容或表现期望加以调整，通常是个别化教育计划的一部分。比如，减少期待学生完成的练习量，或允许学生有更多时间完成工作。

适应性行为(Adaptive behavior)： "实用智慧"。个体为满足自己日常生活需求而采取的行为，包括自我照顾能力、组织能力、基本人际交往技巧以及社会环境中的自我管理能力(服从规则、承担责任等)。

ADHD： 注意缺陷多动障碍。

拥护者(Advocate)： 他(她)们不是律师，而是帮助家长和学生处理学校为学生制定的特殊教育计划的个体。

情感(Affective)： 指情绪和态度。

适宜年龄(Age appropriate)： 学生的实足年龄，它是对学生的学习材料、课程及其行为进行调整的依据。

年度计划(Annual goals)： 个别化教育计划的重要组成部分，为个别学生制定的且尽可能在一年内实现的目标。

前因(Antecedent)： 先于某种行为的事件。

注意(Attention)： 在需要时保持专注的能力。

听觉处理(Auditory processing)： 大脑加工并解释听到的声音的过程。

基线期(Baseline)： 干预之前的观察；在没有观察者实施积极干预的情况下，对机能水平进行的测量。

肢体语言(Body language)： 通过躯体动作无意识地表达自己的看法与感受的信息。

中央统合(Central coherence)：大脑以整合的方式处理多种信息，将它们联系起来并置于情境中观察，从而理解其更深层的含义。薄弱的中枢聚合功能会使其难以得到推广。

朋友圈(Circle of friends)：在发展与支持有效融合(也称支持圈)的过程中，寻求同伴的参与及认同的技巧。

完形填空(CLOZE procedure)：一种从文中删除文字、留下空白的教学技巧。通过学生填充的正确率进行评分。在指导全班阅读时，口头填充也很重要。老师读一段，并间歇地留下一个字；学生们按已提供的线索(手指、手臂移动等)对缺失的单词作出回答。

指导(COACH)：一种评估和规划工具，用于帮助教师优先考虑家庭因素，制定教育计划的内容，并在融合背景下实现教育计划。

认知(Cognition)：有意识的心理活动，包括思维、感知、推理以及学习。

认知能力(Cognitive)：指推理或智力能力。

合作(Collaboration)：个体为实现共同目标而一起工作。

社区中心的教学(Community-based instruction)：在社区的各种场所(超市、图书馆、商超和餐馆)而不是在教室里，教授学生独立生活的技能。

会议(Conference)：通用术语，指的是多学科会议、个别化教育计划会议、年度回顾或其他会议。如果与会者存在疑问，就需要阐释每项会议举办的目的。

辅音(Consonant)：一种基本的语音，当与一个元音结合时，可以组成一个音节或一个完整的单词。

连续性服务(Continuum of services)：学生在最少受限制的环境中获得的一系列服务。

课程(Curriculum)：要学习的主题。课程通常以范围和顺序描述。例如，教师或家长通过评估班级里开设的课程，判断该课程是否符合学生的个别化教育计划。

基于课程的评价(Curriculum-based assessment)：测量学生在课程方面取得的进步，判断为学生作出的调整是否有效，或是否需要进一步调整。

缺陷(Deficit)：发展迟缓引起的机能不足。

迟缓(Delay)：发展没有在预期范围内实现。

差异性教学(Differentiated instruction)：教学时考虑学生不同的知识背景、阅读、语言、学习偏好及兴趣爱好、反应速度。它是对班级里不同能力的学生进行教学的过程。通过与每个学生接触，并在学习过程中予以学生帮助，最大可能地促使学生的成长和成功。

残疾(Disability)：身体、感官、认知或情感方面的缺陷，使得学生需要接受特殊教育。

法定诉讼程序(Due process)：在特殊教育中，法定诉讼程序是指为解决学校和家长之间的纠纷而制定的一套特定程序。

回声语言(Echolalia)：在早期听到的即刻、延迟的回声或重复、完整的口语表达。模仿语言可以促进对话的维持、交流、自我安抚和口头练习。它可以是功能性的（在适当的环境中使用短语进行沟通），也可以是非功能性的（在无关的情境中发声）。

共情(Empathy)：将个人的想法和感受投射到他人的性格中，以便更好地理解他人。

延长学年(Extended school year)：在普通学校放假期间，为特殊学生提供教学服务。

消退(Fading)：一种零错误学习的技巧。通过这种方法，教师利用多种刺激提示学生作出正确反应。渐渐地，减少线索的数量，或者取消线索，直到出现一个刺激学生就能够产生反应。

精细动作(Fine motor)：肌肉功能，需要微小的肌肉运动。例如，写字或打字就需要精细动作参与。

免费且适当的公立教育(Free appropriate public education)：特殊教育及相关服务(1)在公共监督和指导下，提供免费的公立教育；(2)符合国家教育机构的标准；(3)包括学前教育、小学教育和中等教育；(4)与个别化教育计划保持一致。

功能性行为评估(Functional behavioral assessment)：解决学生行为问题的过程。功能性行为评估依靠各种策略和技巧，识别特殊行为产生的原因，帮助个别化教育计划团队选择可以直接解决问题行为的干预方法。不仅关注行为本身,还专注于识别产生特殊行为的社会、情感以及环境因素。

泛化(Generalization):在概念形成、问题解决和练习过程中,学习者会发现许多物体、事件或问题在特征及原则上存在共性。同时,在条件反射中,当一个条件反应被建立在一个给定的刺激下,其他类似的刺激也会引起个体反应。

粗大动作(Gross motor):肌肉功能,需要大量的肌肉运动。例如,走路或跳跃都需要粗大动作的参与。

异质分组(Heterogeneous grouping):在教育实践中,不同能力的学生被分配在同一个小组中。这种做法通常有助于特殊学生的融合。

同质分组(Homogeneous grouping):在教育实践中,具有类似能力的学生被分配在同一个小组中。这种做法通常会阻碍特殊学生的融合。然而,这种做法有助于对小群体的直接教学,因为学生们都需要同样的干预策略。

个别化教育计划会议(IEP meeting):《残疾人教育法》规定,每年应至少集中一次为接受特殊教育的学生制定或修改个别化教育计划。

融合(Inclusion):融合是指特殊学生在附近学校的普通班级与适宜年龄的学生一起接受教育。特殊学生和同伴一起学习,并按年级升学。除需要保密的服务以外,所有相关的服务都是通过合作的方式在普通班级提供的。课程可以是学校其他学生的核心课程,或者调整核心课程提供身体辅助,修改内容或材料,多层次课程,重叠课程(相同活动、相同目标)或替代课程。

个别化教育计划(IEP):由学校为每一个残疾学生制定的书面教育计划。一份个别化教育计划必须包含学生目前的教育表现水平、年度和短期教育目标、具体的教育计划和相关服务,以及学生能在多大程度上参与到正常学生的普通教育中。

残疾人教育法(Individuals With Disabilities Education Act):《108—446公法》被称为2004年残疾人教育修正法案。它的"简称"是《残疾人教育法》。

整合(Integration):整合是指特殊学生在年龄适宜的普通教育计划

或者班级中接受教育，使得他们在各个方面受益，包括社交技能、言语沟通技能、课堂技巧、独立生活工作技能以及学习技能。整合是一个连续的过程，立足于特殊个体的需求。

当地教育机构(LEA)：一所当地的公立学校。

最少受限制的环境(LRE)：关于最少受限制的环境的规定出现在《残疾人教育法》中。最少受限制的环境要求"最大限度地使得残疾学生与正常学生一起接受教育；除非学生残疾程度严重，以致在普通班级使用辅助及服务都无法满足其需求，才能将其安置在特殊班级、隔离学校或者其他普通教育环境之外"。

回归主流(Mainstreaming)：这是一个过时的术语，是指将特殊学生送回普通班级上课的做法。然而，该特殊学生只是一个"旁听者"，而不是整个班级的一员。被送到普通班级的特殊学生只是普通教育教师教学计划之外的旁听者。所以，普通教育教师并没有将特殊学生视为班级成员，甚至有时候不愿意对他们的学业成绩负责。在这一做法中，特殊学生没有被视为班级成员，这使得他们和同龄人之间出现典型的交往障碍。

制定行动计划(Making Action Plans)：在人生重大转折时（高中毕业进入工作环境）使用的以人为本的计划，以帮助家庭关注学生的未来。制定行动计划是在和学生家长以及朋友见面时进行的。大家在一起分享自己对学生未来的积极信念，并肯定学生才能和优势。促进者和参与者必须相信学生具有实现目标的能力。制定行动计划的最终目的是为学生的未来制定计划，在应对可能阻碍目标实现过程中的挑战时，要记住学生的兴趣爱好、优点和梦想。

均值(Mean)：算术平均数；即所有分数的总和除以分数的个数。

感觉通道(Modality)：获得感觉的途径；视觉、听觉、触觉、动觉（运动和平衡）、嗅觉和味觉是最常用的感觉系统。

示范(Modeling)：个体通过观察一个示范者执行任务，然后模仿示范者的行为表现。对幼儿来说，模仿是语言和动作学习的重要方式。

修改(Modifications)：修改后适合特殊学生学习的内容。在给定的活动范围内，提供给能力不足或者需要改变期望的特殊学生，以满足他们的个人需求。调整后的课程目标使内容更加适合并有助于满足学生的个人需要。可以对学生的要求进行适当调整,期望学生会掌握一部分,或者期望学生掌握的水平会发生变化。

自然比例(Natural proportions):确保任何班级特殊学生的比例代表社会的自然比例。这意味着,不会出现班级特殊学生分布过多或过少的情况,所有班级构成都体现了社会普通人口的自然比例。通常情况下,学校中患有明显的残疾的学生不超过1%至2%,在普通班级中特殊学生不超过一个。总体来说,10%到15%的学生可能患有某种残疾,比如30名学生的班级,将有3—5名特殊学生。

负反馈(Negative feedback):向个体传达他/她的回答是不正确的;倾向于减少重复行为的产生。

负强化(Negative reinforcement):终止或者撤销厌恶刺激,行为得到强化。也就是说,反应是随着一些对个体有害的事件的回避与中止产生的。

规范(Norm):在特定条件下的平均、常规或标准的表现(如:9岁儿童的平均测试成绩或男性儿童的平均出生体重。)

客观观察(Objective observation):使用录音带、录像带或手写的行为记录。记录内容可以是频率、持续时间或速度,也可以是对动作和语言的叙述。

职业治疗(Occupational therapy):一种特殊教育相关的服务。它通常关注学生精细动作的发展和识别适合日常生活的活动方式,尤其是在学生因特定障碍无法完成任务的情况下(如:修改衣服,使没有手臂的人能自己穿衣服)。

用希望规划明天(Planning alternative tomorrows with hope, PATH):一种群体规划工具,通过鼓励学生在家人和朋友的帮助下思考他们对未来的希望,从而形成长期和短期目标。

坚持(Perseveration):一个人毫不犹豫地坚持某种思想和行为,而不考虑其他想法。

以人为中心的规划(Person-centered planning):通过家庭的支持,特殊学生可以直接规划和分配资源,以实现自己的人生愿景和目标。

人本位语言(Person-first language)：一种描述残疾人时使用的方法。指导原则首先指的是人，而不是残疾。因此提到自闭症学生时，最好说该学生患自闭症。这样的话，表述重点放在人而不是残疾上。

声学(Phonics)：对语音的研究，为阅读提供特殊指导。

初级强化物(Primary reinforcer)：在无需提前学习的情况下，能够增强行为发生频率的刺激。这些刺激之所以能发挥强化作用，是因为它们可以满足生物体的生理需求(如食物、水)。

项目专家(Program specialist)：专业人员是持有有效的特殊教育证书、健康服务证书或学校心理医生资格的专家。他们经过高级培训，具备特殊教育的相关经验以及特殊教育服务的专业知识。

融洽关系(Rapport)：个体与实验者、治疗师之间建立的一种轻松、和谐且一致的关系。

回归(Regression)：回到先前或者更早的发展阶段。

强化(Reinforcement)：通过及时奖励(正强化)或者惩罚(负强化)，增强或者削弱某一反应。

强化物(Reinforcer)：任何能够用来增强行为发生频率的刺激。

相关服务(Related services)：相关服务包括发展、矫正以及其他支持性服务，帮助特殊学生从特殊教育中获益。相关服务的例子包括言语语言病理学、心理服务和职业治疗。

资源专家项目(Resource specialist program)：资源专家项目规定接受特殊教育的学生在校时间应少于50%。在一天或一周的特定时间段，这些学生可能被"赶出"普通教室接受特殊辅助，并由有资质的特殊教育资源教师授课。

资源教师(Resource teacher)：与有特殊学习需要的学生一起学习的专家，他们为其他教师提供咨询服务，提供材料和方法帮助普通班级中有困难的学生。资源教师可以在学校里存放着适当材料的资源教室里工作。

自我决定(Self-determination)：自己作出决定，自己控制自己的生活，实现个人目标，并具备充分地参与学校和社会的必要技能和资源。

感觉统合(Sensory integration)：是指对同时进入大脑的多种感觉信

息的管理。管理感觉的能力可以帮助个体反应并作出相应的行为。一些自闭症个体很难处理多种感觉信息的输入,对某些刺激容易产生厌恶的反应。如果一个人很难过滤掉某些感官刺激的话,就会产生情绪反应。

社会认知(Social perception):对社会环境中刺激的解释能力,即能够恰当地将社会情境和解释结合起来。

社会化(Socialization):通过社会环境提供的刺激和强化塑造个体的特征与行为。

特殊班(Special day class):一个独立的教室,只有那些需要接受特殊教育的学生才能入内。

特殊教育(Special education):针对性计划、系统地监控教学过程和其他干预措施,帮助有特殊需要的学生在学校和社会中获得最大的自我效能感和成功。

特殊教育地方规划区(Special education local plan area):负责管理特殊教育计划和服务的区域。

分离技能(Splinter skill):一种非有序连续发展的组成部分的技能。这是一项在常规发展顺序之前掌握的技能,或与学生整体发展水平相比有所提高。

刻板行为(Stereotypical behavior):无明显目的的重复性运动行为,这些行为在自闭症患者身上很常见。许多人称其为自我刺激行为,这一行为似乎是由某些事物本身激发出来的。另外,刻板行为会影响学习和任务的完成。

刻板印象(Stereotyping):一种有偏见的概括,通常指的是在一个社会或国家群体中,个体被错误地贴上他们不具备的特征标签。

刺激(Stimulus):外在的事件、行为或影响,会引起感官上的生理变化。

学生学习小组(Student study team):一个普通教育过程,旨在对课堂上适应困难的学生的普通教育计划作出初步的修改(有时被称为成功的学生团队)。

补充辅助及服务(Supplementary aids and services):在普通教育班

级中、其他与教育相关的环境及课外和非学业环境中提供帮助、服务及其他支持,使特殊学生在最大程度上接受正常学生的教育。

综合征(Syndrome):一系列复杂的症状;一组症状或特征同时出现。其与疾病形成了对比,疾病由是个体结构或功能紊乱造成的。

转衔(Transition):从学校到面向收入的工作生活的调整阶段,涵盖一系列可以促进就业和成年生活的服务和经验。

转衔服务(Transition services):为残疾学生提供一套协调的活动,促进学生从学校到毕业后活动的过渡。

工作组织(Workability):一个促进个体实现生活独立的组织,为那些正在从学校过渡到工作、高等教育或培训的特殊教育青年提供全面的就业前培训、就业指导和后续服务。

附录2：
特殊教育的缩略词

ADA：《美国残障法案》

ADD：注意缺陷障碍

ADHD：注意缺陷多动障碍

APE：适应体育教育

AS：阿斯伯格综合征

ASD：自闭谱系障碍

AVID：用个性和意志发展自己

DSM-Ⅳ：《精神疾病诊断与统计手册第4版》

ED：情绪困扰

FBA：功能性行为评估

IDEA：《残疾人教育法》

IEP：个别化教育计划

IFSP：个别化家庭服务计划

LRE：最少受限制的环境

NCLB：《不让一个孩子落后法案》

OT：职业治疗

PBSP：积极行为支持计划

PDD-NOS：非典型自闭症

PT：物理治疗或理疗师

RTI：回应性介入

SELPA：当地特殊教育规划

SIP：学校发展规划

SPT：言语病理学家服务

TBI：创伤性脑损伤

其他：

资源

第一部分
融合支持资源

资源 A
普通教育课堂——目标和期望的结果

日期：　　　　环境：　　　学生：　　　支持人员：

支持人员	班级教师
支持作用	班级成员/教师所有权
☐ 准时到达	☐ 在课堂上与特殊学生对话
☐ 帮助所有学生	☐ 分享信息帮助他人积极地理解差异
☐ 尽可能在教室流动地支持和退出	☐ 强调特殊学生做得好的地方、长处
☐ 帮助所有学生遵循教师的指导、期望	座位/体育课堂安排
☐ 在有需要的地方主动提供帮助	☐ 不安排特殊学生与其他特殊学生同桌
☐ 分享信息帮助他人积极地理解差异	☐ 指导/称赞同伴去与合作和帮助特殊学生
☐ 帮助强调特殊学生的长处	☐ 安排特殊学生坐在与教师或有同情心的同伴相近的座位
☐ 解释特殊学生与众不同的行为、差异和动作	☐ 让同伴轮流与特殊学生合作
同伴支持	积极参与
☐ 与同伴交谈，建立有意义的关系	☐ 课堂讨论时号召特殊学生
☐ 召集同伴帮助特殊学生	☐ 安排特殊学生的角色、责任
☐ 告诉同伴如何帮助特殊学生	☐ 找方法帮助特殊学生进行参与
积极参与	☐ 提供基于活动的学习任务
☐ 帮助简化工作；发展适应；现场改编	☐ 帮助特殊学生简化/修改活动、作业和考试

续 表

☐	协助特殊学生举手回答问题	\multicolumn{2}{l|}{特殊学生的直接教学}
\multicolumn{2}{c|}{特殊学生的直接教学}	☐	表扬特殊学生令人满意的动作、行为、成就
☐	表扬特殊学生令人满意的动作、行为、成就	☐	帮助特殊学生进行课堂活动、内容
☐	关注支持、教授特殊学生的个别化教育计划目标	☐	经常地检查特殊学生的工作
☐	注意特殊学生,定期检查	☐	了解、教授和加强特殊学生的个别化教育计划目标
☐	帮助特殊学生与同伴、教师交流	\multicolumn{2}{l|}{与支持人员的合作}
☐	追踪学生的表现(数据、工作样品)	☐	安排支持人员至领导小组
\multicolumn{2}{c|}{与班级教师的合作}	☐	指导支持人员满足特殊学生的需要
☐	与班级教师联系	☐	确定支持人员要帮助的有风险的学生
☐	支持特殊学生(提出建议、干预、回应需求)	☐	承认支持人员是教室中的另一位"教师"
☐	主动了解课堂活动、家庭作业、考试、实地考察、项目、演讲	\multicolumn{2}{l|}{教师积极的贡献:}
\multicolumn{2}{c|}{特殊学生}	\multicolumn{2}{c|}{同伴}
☐	与同伴交谈	☐	与特殊学生交谈
☐	与教师交谈	☐	帮助特殊学生
☐	积极参与班级活动、小组、结对活动	☐	对特殊学生表现得积极、尊重
☐	为个别化教育计划目标工作	☐	主动容纳特殊学生参与班级活动
☐	课堂活动中实践学术技能	☐	交谈、讨论中容纳特殊学生
☐	根据需要使用选择板、图片例程	☐	找方法帮助特殊学生完成课堂工作
☐	使用激励和有意义的学习材料以获得学术技能	☐	接受特殊学生的差异

来源:Doering, K. (2010). Reflection Tools for Facilitating Positive Student Outcomes. San Francisco State University, California Research Institute (CRI), Department of Special Education. Used with permission.

资源 B
初中普通教育教室——授课

日期：　　　　地点：　　　　学生：　　　　支持人员：

在所有发生的事上打钩
班级教师
☐ 确保特殊学生拿到所有在课堂上分发的讲稿的副本
☐ 吸引学生并调整问题形式以适应学生的能力水平（例如，"是/否"问题；给两个不同的答案供特殊学生选择）
☐ 给学生提供可使用、标记和添加信息的讲义的副本和/或笔记
☐ 为支持人员提供教学单元的课程计划、考试、CD、课程和项目描述等
☐ 与支持人员分享日常活动（课堂作业、家庭作业、讲义，收集学生作品，归还试卷或作业）
☐ 相关时检查学生理解力
☐ 简化特殊学生的工作以增加理解和/或减少工作量
☐ 给予特殊学生角色及责任（例如，分发物品、讲义，收集学生作业，归还试卷或家庭作业）
学生参与——特殊学生
☐ 看着和听着老师
☐ 把黑板上的东西抄写下来
☐ 写下他/她在课堂中所听到的关键词和/或句子
☐ 使用修改后的材料学习关键概念
☐ 特殊学生在个性化的支持下参与其中（例如，记笔记、听和记录关键词和/或概念、标记讲稿副本）
☐ 提出问题和/或讲课相关的评论
☐ 在课堂讨论和活动中发表评论（朗读、分享日记、提交读书报告、举手回答老师问题）

续　表

	支持人员
☐	在上课前与班级老师进行检查,以确定对教授关键概念有帮助的当天的活动、家庭作业、补充材料
☐	帮助特殊学生问候班级教师和同伴
☐	让同伴协助特殊学生记笔记(比如,复写纸、双层纸)
☐	重新指导特殊学生注意老师(根据需要)
☐	相关时,听讲并记下笔记,每5—10分钟给特殊学生预留抄写时间
☐	收集和/或记录所有相关信息(例如讲义、作业、项目描述、测试、论文和即将到来的实地考察信息)
☐	促进特殊学生的独立性和目标、日常工作和任务的完成(例如,获取材料、完成家庭作业、参与同伴的来回交谈)
☐	协助课堂教师进行课程计划、教学材料和修改工作的准备
☐	与班级教师一起,确定和低调地与任何需要帮助的学生合作并给予学生支持
☐	记录特殊学生的目标进程,最好是有关于特殊学生的
☐	联系班级教师(课前、准备期间),确定课程单元,弄清学术概念,拿到要分发给所有学生的讲义
☐	与班级教师联系,分享成熟的想法和修改后的材料
☐	创建修改后的讲义以满足特殊学生的能力水平(例如,谁、什么、为什么聚焦,用页码或疑问句突出句子和引用中的答案)
☐	与同伴、教师分享学生的兴趣,以帮助其他人对特殊学生了解更多并与之交流
☐	帮助特殊学生发起与同伴的谈话,然后退出
	同伴
☐	问候特殊学生
☐	在空余时间与特殊学生进行友好的谈话
☐	在课堂讨论中,适当的时候指导特殊学生举手并提供答案分享
☐	根据需要,重新指导特殊学生注意教师
☐	以积极、尊重的方式对待特殊学生

来源:Doering, K. (2010). Reflection Tools for Facilitating Positive Student Outcomes. San Francisco State University, California Research Institute (CRI), Department of Special Education. Used with permission.

资源 C
教师助手支持学生

日期：　　　地点：　　　学生：　　　支持人员：

在普通教室中

	在所有发生的事上打钩	备注
☐	准时到达并主动了解一天的活动（问候教师、同伴；与教师联系）	
☐	与所有学生合作（特殊学生、其他有个别化教育目标的学生，有风险的学生）	
☐	帮助班级教师（帮助所有特殊学生遵循教师的指导、课堂规则和期望；引导小组活动；向需要帮助的学生提供一对一的支持）	
☐	进行修改，简化工作，现场改编	
☐	尽可能经常与同伴交流并称赞同伴	
☐	让同伴去帮助特殊学生	
☐	给特殊学生提供支持和教学（教授个别化教育目标，提供需要的修改，找到提高参与的方法）	
☐	强调特殊学生的长处（尽可能经常指出其成就和能力。告知特殊学生该做什么和不该做什么）	
☐	收集课堂中与特殊学生相关的行为数据、作品样本	
☐	尽可能地在同伴和班级教师的交流中纳入特殊学生	
☐	在教室中移动，同时关注特殊学生，有需要就回到其身边	
☐	给同伴和班级教师提供信息和说明以帮助他们理解差异	
☐	遵守安排好的时间表并完成关键责任	

来源：Doering, K. (2010). Reflection Tools for Facilitating Positive Student Outcomes. San Francisco State University, California Research Institute (CRI), Department of Special Education. Used with permission.

优势：　　　　　　　　　　　　目标领域：

资源 D
教学助手——提供高质量的支持

日期：　　　地点：　　　学生：　　　支持人员：

在普通教育教室中

在所有发生的事上打钩	备注
成为另一个"教师"	
☐ 与同伴发展信任关系	
☐ 帮助所有学生遵循教师的指导和期望	
☐ 领导小组活动	
☐ 必要时支持、退出和返回；与所有有辅助需要的学生合作	
☐ 在需要时主动提供帮助	
☐ 完成教师的要求	
一直提供信息	
☐ 向课堂教师描述每一个特殊学生的学习目标	
☐ 帮助他人积极地理解特殊学生的动作、行为	
帮助他人积极地看待特殊学生	
☐ 帮助他人理解和接纳特殊学生	
☐ 强调特殊学生的优点、能力、成就	
☐ 对特殊学生做得好的内容进行评论	
☐ 帮助其他人将特殊学生视为能力者	
帮助特殊学生参与/进行修改	
☐ 鼓励特殊学生举手表现；提供答案帮助特殊学生分享	
☐ 做出现场调整以帮助特殊学生参与并获得成就	
☐ 帮助简化工作，做出修改	

续表

在所有发生的事上打钩	备注
告诉同伴怎样帮助，做什么(同伴支持)	
☐ 帮助特殊学生与同伴进行交流	
☐ 帮助特殊学生与班级教师进行交流	
☐ 召集同伴帮助特殊学生	
☐ 告诉同伴如何帮助特殊学生	
☐ 称赞提供帮助的同伴	
对特殊学生进行直接教学	
☐ 经常称赞特殊学生的行为、成功、积极的进步	
☐ 注重对特殊学生个别化教育计划目标的支持和教学	
☐ 经常检查特殊学生的工作	
☐ 帮助特殊学生尽可能地独立	
对学生的表现建档	
☐ 记录学生的个别化教育计划的目标进程	
☐ 获得并保存重要的学生工作、作品样本、行为数据和考试成绩	

来源：Doering, K. (2010). Reflection Tools for Facilitating Positive Student Outcomes. San Francisco State University, California Research Institute (CRI), Department of Special Education. Used with permission.

资源 E
休息时间

日期：　　　　地点：　　　　学生：　　　　支持人员：

在所有发生的事上打钩	备注
计划/准备	
☐ 同伴系统已经就位，在需要时可利用	
☐ 特殊学生的兴趣和喜欢的材料被用于计划活动	
☐ 准备有趣的、可以激发的兴趣的材料供特殊学生选择和使用	
☐ 优先选择结构化的活动，可经常教授	
☐ 准备选择板或其他沟通设备，供需要时使用	
转移到运动场	
☐ 特殊学生有其他同伴同时进入和离开运动场	
☐ 特殊学生与其他同伴一起进入或离开运动场而非分开走	
日常常规	
☐ 特殊学生出现在同龄同伴参与的课间休息场所	
☐ 特殊学生遵守课间休息的规则	
☐ 特殊学生与同伴同行，与同伴同时回到教室	
社会交往	
☐ 特殊学生与同伴互动（发起和回应）	
☐ 特殊学生接受同伴的帮助	
☐ 课间休息时，多个同伴走近与特殊学生互动	
☐ 课间休息时，特殊学生与同伴之间开展有意义的互动	
☐ 同伴自然地将特殊学生纳入课间活动、谈话等	

续表

在所有发生的事上打钩	备注
运动场中的有意义地参与	
☐ 特殊学生参加与其年龄相符的活动,使用与其年龄相符的材料	
☐ 特殊学生积极参与课间活动,而非被动旁观	
☐ 特殊学生自主选择喜欢的自由游戏活动	
☐ 时间比例:特殊学生接近同伴的时间要比只是跟支持人员接触或自己独处的时间多	
理想的人员指导	
☐ 支持人员与特殊学生一起或先于特殊学生到达运动场	
☐ 支持人员在课间休息的一部分时间中建立和开展结构化的活动	
☐ 支持人员积极召集同伴与特殊学生互动和提供支持	
☐ 支持人员主要教授特殊学生社交和游戏技巧	
☐ 支持人员鼓励同伴支持特殊学生和赞扬同伴的参与	
☐ 支持人员向所有学生教授游戏规则和步骤	
☐ 必要时,支持人员可解决游戏冲突,并积极影响所有学生的社交成功率	
☐ 支持人员分享信息以帮助同伴理解特殊学生与他人的不同,以及如何最好地帮助特殊学生	

来源:Doering, K. (2010). Reflection Tools for Facilitating Positive Student Outcomes. San Francisco State University, California Research Institute (CRI), Department of Special Education. Used with permission.

优势: 目标领域:

资源 F
午餐/运动场

时间：　　　地点：　　　学生：　　　支持人员：

在所有发生的事上打钩	备注
到达食堂	
☐ 所有的特殊学生都在自助餐厅用餐	
☐ 特殊学生在自助餐厅中分散着坐，而非聚集在一起	
☐ 特殊学生与他们的同伴一起到自助餐厅，既不早到也不迟到	
日常常规	
☐ 特殊学生遵守自助餐厅的规则，站在线内，不插队	
☐ 特殊学生与自助餐厅中的工作人员打招呼	
☐ 在午餐时间特殊学生与同伴们坐在一起	
☐ 特殊学生能寻求帮助或在他人提示下能寻求协助	
进食技巧/独立性	
☐ 特殊学生能自主选择他们所要吃或喝的东西	
☐ 特殊学生可以适当咀嚼和进食流食	
☐ 在吃甜点前，特殊学生可以吃健康的午餐食品	
☐ 特殊学生可以尽可能地独立进食	
☐ 特殊学生可以自己把厨余扔掉	
☐ 特殊学生可以把未食用的食物放回背包或午餐袋	
与外表或年龄相适宜	
☐ 特殊学生使用与年龄相符的午餐盒、用具和设备	
☐ 特殊学生能监控自己的外表（擦嘴，收拢衣服，流口水、食物溢出后能自己换衣服等）	

续 表

在所有发生的事上打钩	备注
与外表或年龄相适宜	
☐ 午餐时,特殊学生能带一些与年龄相符的物品(报纸、杂志、球、飞盘和相册等)	
社会交往	
☐ 特殊学生与他们的同伴互动(发起和回应)	
☐ 特殊学生接受同伴的协助	
☐ 多个同伴在午餐或运动时愿意与特殊学生接触	
转移到运动场	
☐ 特殊学生与同伴一同转移到运动场,而非最后才离开自助餐厅	
☐ 同伴们陪伴特殊学生从自助餐厅到运动场	
运动场中有意义地参与	
☐ 特殊学生与同伴共同参加与其年龄适宜的、有意义的活动	
☐ 特殊学生选择自己喜欢的自由活动	
☐ 特殊学生持续参与而非被动围观	

来源:Doering, K. (2010). Reflection Tools for Facilitating Positive Student Outcomes. San Francisco State University, California Research Institute (CRI), Department of Special Education. Used with permission.

资源 G
体育课堂——目标和期望的结果

日期：　　　地点：　　　学生：　　　支持人员：

在所有发生的事上打钩	备注
时间表	
☐ 特殊学生参加其同龄同伴所参与的体育课程	
☐ 特殊学生的个别化教育计划中清晰制定了体育目标，并教授这些目标	
过渡到教室中	
☐ 特殊学生与同伴同时到达和离开运动馆/更衣室	
☐ 特殊学生与同伴一起到体育场所，而非与同伴分开行动	
穿衣/换衣	
☐ 为特殊学生分配的更衣室时，应与其他同伴而非其他特殊学生相邻	
☐ 特殊学生用钥匙和锁以保证他们衣服和贵重物品的安全	
☐ 特殊学生正确穿着上课所需的衣服和必要的运动服	
教师关系/同学关系——体育教师	
☐ 在上课过程中与特殊学生说话；与同伴们分享信息，以帮助他们了解特殊学生的不同之处	
☐ 突出特殊学生做得好的事情、强项、成就和积极的进步	
☐ 指导支持人员管理课堂中的互动，以及满足特殊学生的需要	
☐ 指导其他同伴成为特殊学生的搭档	
☐ 调整活动和游戏以确保特殊学生可以有意义地参与其中	
有意义地参与	
☐ 特殊学生与同伴一起排队，并遵循指定的循环程序	
☐ 特殊学生坐在普通同伴的身边，而非其他特殊学生	
☐ 特殊学生遵循课堂规则和教师的指令	

续表

在所有发生的事上打钩	备注
有意义地参与	
☐ 特殊学生参加与年龄相符的活动,使用与年龄相符的材料	
☐ 特殊学生与同伴在一起的时间多于仅与支持人员在一起或自己独处的时间	
同伴互动和支持	
☐ 特殊学生与他们的同伴互动(发起和回应)	
☐ 特殊学生接受来自同伴的协助	
☐ 在课堂中有多个同伴接近特殊学生	
☐ 整个课程中,特殊学生与同伴有意义的互动持续发生	
☐ 同伴自然地将特殊学生纳入课堂活动、对话等活动中	
期望的专业支持——支持人员	
☐ 支持人员与特殊学生一起或先于特殊学生到达运动场	
☐ 建立和开展结构化的活动	
☐ 向所有特殊学生教授游戏规则和活动步骤	
☐ 积极召集同伴与特殊学生互动和提供支持	
☐ 专注于教授特殊学生个别化教育计划中的目标	
☐ 鼓励同伴支持特殊学生和赞扬同伴的参与	
☐ 必要时解决游戏冲突,并积极影响所有学生的社交成功率	
☐ 分享信息以帮助同伴理解特殊学生与他人的不同,以及如何最好地帮助特殊学生	

来源:Doering, K. (2010). Reflection Tools for Facilitating Positive Student Outcomes. San Francisco State university, California Research Institute (CRI), Department of Special Education. Used with permission.

资源 H
结构化的社交机会：社交活动和社交俱乐部

日期： 　　地点： 　　学生： 　　支持人员：

目标和期望的结果	
准备	社交活动
☐ 考虑活动结构	☐ 在目标时间开始活动
☐ 事先准备好所需的材料以有效利用时间	☐ 协助所有学生互相打招呼
☐ 在聚会或活动之前,提早通知同伴	☐ 遵循已计划好的聚会或活动日程
	☐ 组织和指导活动
☐ 在聚会或活动的当天,提前召集同伴	☐ 重要时,指派同伴与特殊学生搭档
☐ 采访同伴,以确定他们所喜欢的活动	☐ 促进有创意的问题解决办法产生以促进游戏参与和同伴领导力提升
☐ 明确学生兴趣、动机以及与其年龄相符的互动材料和活动	☐ 提高特殊学生的独立性、同伴间的互相依赖及团体参与
☐ 列出一些各种互动玩具、游戏、电脑程序和活动,供学生选择以避免重复和失去参与/互动	☐ 训练同伴帮助和支持特殊学生,告知同伴说什么、问什么和做什么(例如"告诉××打开盒子。""做给××看如何准备这个游戏")
☐ 安排一些可以促进同伴参与动机的小项目	☐ 重新引导与特殊学生的对话
	☐ 突出所有学生的能力
学生	同伴
☐ 与同伴打招呼	☐ 与特殊学生说话和互动
☐ 与同伴交流,有需要时使用辅助与替代沟通设备	☐ 协助和支持特殊学生
☐ 积极参与课堂中的活动、小组活动及对话	☐ 以积极和尊重的方式与特殊学生相处

续 表

☐	开展社交目标：打招呼、轮流、社会交流	☐	开始将特殊学生纳入社交活动中
☐	在社交活动中练习目标技巧	☐	将特殊学生纳入对话和讨论中
☐	使用选择板、沟通辅助设备、对话簿、沟通板、社交故事、相片集和笑话卡片等与同伴沟通交流	☐	想办法帮助特殊学生参与活动
		☐	多个同伴与特殊学生互动
		☐	接受特殊学生的不同之处

支持人员作为"社交推动者"的角色	
☐	了解同伴，并发展有意义的密切关系
☐	记住同伴们的名字，并与他们进行个别对话和聊天
☐	了解特殊学生和同伴们的重要喜好
☐	推动和促进特殊学生与他人打招呼、互动及礼貌行为
☐	促进小组讨论和问题解决
☐	支持学生与学生之间的互动
☐	时常分享信息给同伴
☐	预测未提出的问题以及/或回答问题
☐	与所有学生建立与年龄相符的互动模式
☐	积极地解释特殊学生的行为
☐	确保特殊学生是任何社会互动的焦点
☐	及时消退支持，有需要时再进行干预："进入、离开"

清理和结束	
☐	在需要过渡时，提供提示线索（如，再玩 5 分钟，然后我们就要收拾玩具了）
☐	分配角色以让所有学生都参与到收拾的过程中
☐	特殊学生与同伴一起离开游戏区域，而非独自离开
☐	向学生征求下一组聚会/活动的意见
☐	在铃响前收拾好玩具

来源：Doering, K. (2010). Reflection Tools for Facilitating Positive Student Outcomes. San Francisco State University, California Research Institute (CRI), Department of Special Education. Used with permission.

资源 I
学校工作

日期：　　　地点：　　　学生：　　　支持人员：

在所有发生的事上打钩	注解
时间表	
☐ 有意义的工作已经得到了保障并且正在执行	
☐ 工作任务是定期执行的	
☐ 所有的学生在规定时间内前往并完成工作	
☐ 工作任务是在自然环境下执行的	
☐ 学生们在正常的同学、同事的旁边工作	
☐ 参加的学生人数使得正在进行的工作是有意义的	
日常	
☐ 特殊学生获得、携带工作材料并对材料负责	
☐ 参与学生与"老板"一同登记签到（如果可能的话）	
☐ 提供一致的工作流程	
☐ 特殊学生按照相同的路线、惯例完成工作	
☐ 有一份指导特殊学生的工作活动的时间表/例程	
☐ 使用策略，让特殊学生尽可能独立地工作	
社交机会	
☐ 特殊学生有机会与其他人交流（同伴、课堂教师、工作人员）	
☐ 特殊学生发起社交问候、交谈或给予回应	
☐ 确保学生是互动中的主要接受者	
☐ 特殊学生在同伴旁边工作（如果可能的话）	
☐ 鼓励学生们问候、感谢同事、教师与工作人员，与学生进行交谈，鼓励学生提问、寻求帮助等	

续 表

在所有发生的事上打钩	注解
工作质量	
☐ 正确执行工作	
☐ 工作人员和特殊学生的行动不损害与工作地点、需要和企业的关系	
☐ 工作人员对工作地点需要、企业反应敏感且迅速	
☐ 所有的材料都被正确地放回到正确的位置	
对能力的认知,积极的贡献	
☐ 谈到特殊学生的能力时,陈述是积极的	
☐ 积极解读不良行为	
☐ 通过完成这项工作,特殊学生为助教、工作人员与学校社区做出了积极贡献	
理想的人员指导	
☐ 员工经常表扬学生的良好行为	
☐ 工作人员向现场人员提供相关信息和增援	
☐ 员工表现出对工作和特殊学生的潜力的热情	
☐ 工作人员与现场人员进行简短的社交对话	
学生表现、工作步骤的建档	
☐ 在工作期间或之后立即收集特殊学生的表现数据	
☐ 划定工作程序的书面清单,以指导工作人员	
☐ 定期分析数据以确定学生的进度、需要	

来源:Doering, K. (2010). Reflection Tools for Facilitating Positive Student Outcomes. San Francisco State University, California Research Institute (CRI), Department of Special Education. Used with permission.

资源 J
指令、小组管理目标和期望的结果

日期：　　　地点：　　　学生：　　　支持人员：

课程/小组管理	系统化教学
☐ 有效地安置特殊学生以促进行为和小组管理	☐ 在讲话前吸引特殊学生的注意力
☐ 提供明确的课程/活动介绍	☐ 给予清晰、简单的指令
☐ 为学习创造一个激励的环境	☐ 了解并教授技能目标
☐ 在整个活动中维持所有特殊学生都参与	☐ 坚持和准确地使用提示程序
☐ 表扬学生所有可取的行为	☐ 给特殊学生一些时间作出回应
☐ 为同伴提供相关信息和原理	☐ 对正确的回应进行正强化
☐ 确保特殊学生在整个活动中可做出选择	☐ 对于不正确的回应给予一致的回馈
☐ 关注整个区域，以预测行为和提供干预	☐ 避免多次、重复的指令和过多讨论
☐ 调整活动以让所有特殊学生可有意义地参与活动	**追踪学生的表现**
☐ 促进特殊学生和同伴之间的互动	☐ 定期和持续地收集学生表现
☐ 设计/遵循书面计划、大纲以指导教学活动	☐ 获取和保存重要的学生工作样本
☐ 提供结束仪式以结束活动及课程	☐ 记录特殊学生接受了多少帮助以完成工作
☐ 清理和送回材料	☐ 将特殊学生的表现纳入到讨论/总结中
☐ 预留足够的时间以促进平缓的活动过渡	☐ 完成和升级行为数据的图表

续 表

☐	遵循时间计划表以开始/结束		为特殊学生倡议
	教室管理	☐	帮助特殊学生尽可能地独立于成人的协助
☐	帮助实施课堂期望	☐	积极解释特殊学生的异常行为和与众不同之处
☐	创建和/或调整以帮助特殊学生参与	☐	帮助其他人理解特殊学生的沟通意图
☐	对出乎意料的情况作出适当的反应	☐	恰当地回应与特殊学生有关的问题
☐	使用积极的策略而非惩罚	☐	在关键时刻提供信息以帮助其他人更好地理解特殊学生
☐	有需要时,主动提供支持		
☐	作出现场决策,以展现常识		
☐	为特殊学生提供支持,在教室内移动,有需要时及时返回		
☐	与所有学生一起工作		
☐	指导同伴支持特殊学生		
☐	建立积极的和适龄的互动模式		
☐	指出特殊学生的成就和积极的进步		

来源:Doering, K. (2010). Reflection Tools for Facilitating Positive Student Outcomes. San Francisco State University, California Research Institute (CRI), Department of Special Education. Used with permission.

资源 K
融合支持教师的作用与管理区域

日期： 环境： 学生： 支持人员：

这些指标存在吗？	评论
成为另一个"教师"	
☐ 存在于普通教育环境中	
☐ 与同伴、学校和社区工作人员建立信任关系	
☐ 大部分的在校时间都是在普通教育班级中度过	
☐ 在普通教育课堂上领导小组活动	
☐ 需要时参与共同授课	
与普通教育教师合作	
☐ 将每个特殊学生的学习目标传达给班级教师	
☐ 为同伴组织学习机会(午餐俱乐部、课程)	
☐ 向班级教师请教如何获得期望的结果	
☐ 与班级教师、同学和管理人员分享与特殊学生所学习的东西(学术、社会、行为、交流和独立等)有关的信息。	
☐ 确定活动并允许同伴合作	
提供信息并帮助他人了解残疾	
☐ 帮助他人理解、接纳特殊学生	
☐ 强调特殊学生的长处、能力、成就	
☐ 评论特殊学生完成的好的内容	
☐ 帮助他人积极地理解特殊学生的行动、行为	
☐ 帮助他人看见特殊学生的能力	

续表

这些指标存在吗？	评论
设计适应	
☐ 开发创造性的材料帮助教授学术技能	
☐ 创建待办事项列表，帮助员工知道要制作什么材料	
帮助建立同伴联系和培养关系	
☐ 招募同伴	
☐ 为结构化的同伴交流设置机会	
☐ 与班级教师合作以确定有效的同伴支持	
☐ 告诉同伴们如何帮助特殊学生——"你能告诉_____出去……"	
创建评估学生进步的系统	
☐ 开发系统地收集学生进度数据的简单系统	
☐ 培训员工使用该系统	
☐ 监控员工是否一直在收集学生的表现数据	
培训与监控员工	
☐ 为支持特殊学生制定和教授有效的策略	
☐ 提供积极的反馈（优势领域）并确定要从事的领域	
☐ 与班级教师合作开发和评估教学助理的作用	
质疑所有正在发生的事情，找出创造性的解决方案	
☐ 确定哪些进展顺利，以及哪些领域需要改进	
☐ 确定教授特殊学生的新技能	
☐ 建议改变	
☐ 当场做出改变以帮助学生成功	

来源：Doering, K. (2010). Reflection Tools for Facilitating Positive Student Outcomes. San Francisco State University, California Research Institute (CRI), Department of Special Education. Used with permission.

资源 L.1
社交参与观察

介绍

使用资源 L.2《社交参与观察表》可以测量社交目标的进步。观察应准确反映学生的进步。收集数据的重要性不仅在于对个别化教育目标负责,而且在于可以了解哪种技术在实现目标方面最有效。

图表解释:社会参与观察表有 40 个格子,每一格记录一次社交互动。整个表格可以记录 40 次社交互动。从完成的观察表中,个别化教育计划团队可以确定学生所取得的进步和进步的领域。准确的报告可以反映学生擅长的领域和存在挑战的领域。例如,假设一个无口语的学生在现在的安置环境之前拒绝与他/她的同伴交流。借助编码系统,观察员可以记录该学生在活动中是否与其他同伴互动,互动是积极的还是消极的。需要谨记的是:学生并非只有言语互动,仅仅是接近同伴也是互动的一种形式。对于一些学生,如果他们参与到一个活动中,这种行为可被视为是非常重要的。

编码解释:每一个编码都清晰定义了可观察的行为,这些行为在某种形式上可被定义为沟通,以下描述仅作为指导原则。

动作(言语交际):学生借助发声表达情感。发声包括一般的言语和其他用于沟通的声音。

如果语言的直接结果是积极的(如,同伴赞同,达到既定的需求目标),记录为(十)。如果语言导致消极的结果(如,学生得到消极的注意,给其他人留下不好的印象),记录为(一)。现在我们就记录了学生的行为(动词),以及积极或消极的结果。

行为(活动):学生在没有提示的情况下参与了一个包含其他同伴或

小组的活动。"活动参与"广义上指找出一个包括他人的活动。与其他人待在一起并不一定有动机参与活动。只是与其他人一起做事情,因为有共同的兴趣。如果活动总体上是积极的,记录为(＋)。如果活动有一些消极的结果(如,学生因行为不当而被拒绝、缺乏运动精神等),记录为(－)。

同伴互动(PI)：这是指被观察的学生与他/她的同伴之间的互动。互动可以由同伴或自闭症学生发起。互动必须是相互的(两个对话搭档都参与了互动)可以记录一个(＋)。例如,如果一个正常发展同伴问该学生一个问题,该学生回答"别管我,我不想说话",这样的互动要记录为(＋),因为自闭症学生确实启动和表达了他的感受。但是,如果正常发展同伴与该学生对话,该学生无回应就跑走了,分数应该记录为(－),因为没有发生互动。希望除了简短的问题和回答之外,你会观察到持续的对话。如果持续的对话发生了,这将是一个需要被注意到的大事。

目标互动(TI)：这种发起回应在个别化教育计划中被定义为一套更广泛技能中的一部分。它的设定有一定的原因。在以往干预的基础上,针对性地启发以儿童家庭为优先或是对社交缺陷的回应。例如,如果一个学生倾向于用偏离主题的话题参与社交对话,就会导致其表现出社交笨拙,那么干预可能要聚焦于提升该学生以适宜方式加入对话的能力,即可以引导其使用与小组所讨论的话题相关的评论加入对话。如果该学生参与了一个小组对话,提及一些完全与主题无关的事情,那么分数应被记录为(－)。例如,如果一个学生进入一个房间,没有恰当地打招呼。针对性地回应应该是为该学生寻找机会进入房间以及与某人恰当地打招呼的机会。如果该学生成功地与一个人打招呼,该学生可以获得一个(＋),如果该学生没有按计划打招呼,他可以获得一个(－)。

不恰当的互动(B)：如果观察到学生对同伴或支持人员的行为不当时,B可以作为一种恰当的记录。例如,如果学生踢了某人或打了其他人,则可以记录为B。这个编码适合用于记录那些会使用挑战行为进行沟通的学生的行为。比如,会大喊大叫或尖叫的学生,他/她并没有参与到社交情景中,而是通过不恰当的行为进行沟通。

通过计算每一种回应的百分比,教师可以更好地了解学生最喜欢的沟通方式,以及测量目标中的沟通行为是在增加还是减少。

计算方法如下:(1)计算使用的所有格子数量;(2)计算某一种沟通方式的总数量,例如(动作)言语;(3)计算言语(+)和言语(-)的总数。计算所有的回应中言语回应的比例,将格子总数除以言语(+)或(-)的总数,然后就大功告成了!

资源 L.2
社交参与观察表

学生：　　　　日期：　　　　观察员：

> 说明：下页中的每一个编号的格子代表一次社交互动机会。请圈出互动是言语（动词）还是活动（行动）。活动互动包括小组项目、棋类游戏、团队运动和小组报告。

1	2	3	4	5	6	7	8
动词 行动 PI TI B ＋ －	动词 行动 PI TI B ＋ －	动词 行动 PI TI B ＋ －	动词 行动 PI TI B ＋ －	动词 行动 PI TI B ＋ －	动词 行动 PI TI B ＋ －	动词 行动 PI TI B ＋ －	动词 行动 PI TI B ＋ －
9	10	11	12	13	14	15	16
动词 行动 PI TI B ＋ －	动词 行动 PI TI B ＋ －	动词 行动 PI TI B ＋ －	动词 行动 PI TI B ＋ －	动词 行动 PI TI B ＋ －	动词 行动 PI TI B ＋ －	动词 行动 PI TI B ＋ －	动词 行动 PI TI B ＋ －
17	18	19	20	21	22	23	24
动词 行动 PI TI B ＋ －	动词 行动 PI TI B ＋ －	动词 行动 PI TI B ＋ －	动词 行动 PI TI B ＋ －	动词 行动 PI TI B ＋ －	动词 行动 PI TI B ＋ －	动词 行动 PI TI B ＋ －	动词 行动 PI TI B ＋ －
25	26	27	28	29	30	31	32
动词 行动 PI TI B ＋ －	动词 行动 PI TI B ＋ －	动词 行动 PI TI B ＋ －	动词 行动 PI TI B ＋ －	动词 行动 PI TI B ＋ －	动词 行动 PI TI B ＋ －	动词 行动 PI TI B ＋ －	动词 行动 PI TI B ＋ －

动词—言语互动_____%　TI—目标互动*　（＋）＝参与积极的社会互动
行动—活动互动_____%　B—不恰当的互动　（－）＝未参与社会互动
PI—同伴互动_____%
*学生的社交互动目标
笔记：

资源 M
学生在普通教育环境下的参与性评估：表 1

学生：_____ 年级、科目和课时：_____
班级教师：_____ 准备时间：_____
教室号码：_____ ♯学生在教室：_____
观察者：_____
说明：
1. 在学生参加具体的普通教育课程一个星期之后，团队可以回顾所有资源 M 和 N 中所界定的技能。
2. 为每个学生圈出五个团队所界定的教学中的优先技能。
3. 为每一个圈出的项目写出目标，然后设计相关的教学项目。
4. 至少回顾两次学生在学年中所有项目上取得的进步，并在需要时进行修改。

分数： ＋ 学生持续执行该项目
　　　＋/－ 学生优势执行该项目但不是持续执行
　　　－4－ 学生从不或很少执行该项目
　　　NA 不适合于该学生/班级的项目

班级常规和活动

日期：				日期：				
1. 准时到班级				11. 恰当地与同伴分享材料				
2. 按时在班级中就坐				12. 有目的地使用材料				
3. 在课堂中对应情景线索，执行活动转换（如，转换座位、活动）				13. 使用材料后放回				
4. 开始任务				14. 安全地使用教室中的材料和仪器				
5. 保持执行任务				15. 与同伴共同协作				

续 表

日期：				日期：			
6. 在未调整的情况下,参加一些课堂常规活动				16. 在小组中合作			
7. 终止任务				17. 记笔记			
8. 容忍对常规进行一些不常见的修改				18. 接受帮助			
9. 遵循课堂规则				19. 评估自己的工作质量(提供模型)			
10. 根据需要找到/携带材料到课堂中。				20. 在无意外的情况下,应对批评和纠正,以及尝试替代性行为			

来源：Reformatted and reprinted with permission：Figure 5.2 Classroom assessment tool. From Macdonald, C., & York, J. Regular class integration：Assessment, objectives, instructional programs. In J. York, T. Vandercook, C. Macdonald, & S. Wolff (Eds.), Strategies for full inclusion (pp. 83 – 116). Minneapolis, MN：University of Minnesota, Institute on Community Integration.

资源 N
学生在普通教育环境下的参与性评估：表 2

学生：_____ 年级、科目和课时：_____
班级教师：_____ 准备时间：_____
教室号码：_____ ♯学生在教室：_____
观察者：_____

说明：
1. 在学生参加具体的普通教育课程一个星期之后，团队可以回顾资源 M 和 N 中所界定的全部技能。
2. 为每个学生圈出五个团队所界定的教学中的优先技能。
3. 为每一个圈出的项目写出目标，然后设计相关的教学项目。
4. 至少回顾两次学生在学年中所有项目上取得的进步，并在需要时进行修改。

分数：　+　学生持续执行该项目
　　　+/−　学生优势执行该项目但不是持续执行
　　　−5−　学生从不或很少执行该项目
　　　NA　不适合于该学生/班级的项目

社交和沟通技巧

日期：				日期：			
与同伴互动				陈述或指令			
a. 回应他人 b. 主动发起				a. 不知道 b. 当完成一项活动时			
与班级教师互动				方向			
a. 回应他人 b. 主动发起				a. 朝向说话者或其他输入源的方向 b. 沟通前获得听众的注意 c. 说话时与听众保持眼神接触			
使用社交问候							
a. 回应他人 b. 主动发起				手势			

续表

日期:				日期:			
使用告别				与他人互动时使用恰当的手势和身体动作			
a. 回应他人 b. 主动发起							
使用礼貌用语(如,请,谢谢,打扰了)				对话			
a. 回应他人 b. 主动发起				a. 使用清晰的语音(音量、语速和构音等) b. 使用恰当的语言/词汇/对话主题 c. 在与他人对话时轮流表达			
讲笑话或开玩笑				评论			
a. 回应他人 b. 主动发起							
问问题							
a. 请求帮助 b. 询问信息(如,澄清、回馈)							
跟随指令							
a. 为了课程任务 b. 为了帮忙任务和差事 c. 单独告知该学生 d. 将该学生作为小组的一部分进行告知							

来源:Reformatted and reprinted with permission: Figure 5.2 Classroom assessment tool. From Macdonald, C., & York, J. Regular class integration: Assessment, objectives, instructional programs. In J. York, T. Vandercook, C. Macdonald, & S. Wolff (Eds.), Strategies for full inclusion (pp. 83-116). Minneapolis, MN: University of Minnesota, Institute on Community Integration.

资源 O
学生档案信息

学生：＿＿＿＿＿＿＿ 出生日期：＿＿＿＿
年龄：＿＿＿＿＿＿＿
家长/监护人：＿＿＿＿＿＿＿＿＿
地址：＿＿＿＿＿＿＿＿＿＿＿＿＿

班级时间表	相关服务	时间	提供者	联系方式
班级教师 房间# 1 2 3 4 5 6	言语语言病理学家服务：周一周二周三周四周五	＿＿＿	＿＿＿	＿＿＿
	适应体育教育服务：周一周二周三周四周五	＿＿＿	＿＿＿	＿＿＿
	职业治疗服务：周一周二周三周四周五	＿＿＿	＿＿＿	＿＿＿
	其他服务：周一周二周三周四周五	＿＿＿	＿＿＿	＿＿＿
阅读：	音素意识	语音/解码	流利度	理解	词汇
数学：	基本运算 ＋、－、×	应用题	时间/金钱	分数、小数、比率	几何算数
写作：	拼写	语法	句子结构	主题句支持信息	手写 键盘输入（圈）

个别化教育计划目标：

沟通方法：

　　学生如何表达信息：

　　学生如何接收信息：

环境挑战：

行为方面的考虑：

资源 P
家庭作业总结

学生：　　　　周次：

主题	星期一	√	星期二	√	星期三	√	星期四	√	星期五	√
	作业：	☐	作业：	☐	作业：	☐	作业：	☐	作业：	☐
	截止日期：		截止日期：		截止日期：		截止日期：		截止日期：	
	材料：		材料：		材料：		材料：		材料：	
	作业：	☐	作业：	☐	作业：	☐	作业：	☐	作业：	☐
	截止日期：		截止日期：		截止日期：		截止日期：		截止日期：	
	材料：		材料：		材料：		材料：		材料：	
	作业：	☐	作业：	☐	作业：	☐	作业：	☐	作业：	☐
	截止日期：		截止日期：		截止日期：		截止日期：		截止日期：	
	材料：		材料：		材料：		材料：		材料：	
	作业：	☐	作业：	☐	作业：	☐	作业：	☐	作业：	☐
	截止日期：		截止日期：		截止日期：		截止日期：		截止日期：	
	材料：		材料：		材料：		材料：		材料：	

家庭作业记录：

资源

第二部分
行为支持资源

资源 Q
行为支持工具

简介

当学生不遵守指令或表现出问题行为，逃避任务或者成为班级里那个经常闹笑话的人，这时就可以介入实施行为支持计划了。在得出结论和给出意见之前，有必要进行一些科学的调查，在多种情境下进行观察，以确定学生挑战行为最可能发生的情境。根据时间的变化，记录下情境和进行的活动。使用《情境分析表》(资源 R)或"散点图分析"(资源 S.1 和 S.2)或《积极行为支持》(资源 T)分析评估学生的表现水平，绘制图表以说明行为影响因素与学生行为之间的关系。

这些技术将有助于教师识别可能的环境因素(座位安排)、人际问题(某些人的存在)、活动(独立完成任务、不喜欢的学科)、感觉因素(噪声水平)和可能会增加挑战行为发生几率的时间点。你可以根据需求对工具进行修改，它们也可以被调整用于分析特定的行为和情境。比如，你可以将散点图增量 5 分钟改为 10 分钟、20 分钟、30 分钟、1 小时或几天。你还可以通过填写不同的行为和活动安排调整《情境分析表》。

确保用具体的语言描述行为，以便于沟通、测量和记录。如果描述含糊不清——"雪莉态度不好"或"山姆不合适"——两位观察者将很难用可测量的术语解释相同的行为。一种行为，对一个人来说不合适，对其他人来说可能是可以接受的。举一个对问题行为具体描述的例子，如果你看到山姆在课上大声呼喊，并得到同学们的认可，那么你可能判断他行为的功能是得到同伴的认同。

一旦确定行为的功能，就可以制定行为干预计划了。一旦了解挑战行为发生的原因，你就可以改变条件减少焦虑或者用更合适的方式满足学生需求。举几个例子：如果雪莉长时间做课堂作业并且变得焦躁不安，就不应该因为她"逃避任务"惩罚她，而是应在任务之间留出更多的休息时间，或者安排更多基于活动的同伴合作任务。如果你知道汤姆在数学方面有困难，并且注意到每次被要求完成困难数学作业时，他就会逃避任务，就可以通过降低课程难度适应他的需求。

在不同情境、不同活动中观察学生是否存在挑战行为对教学工作是很有帮助的。为了进一步验证你的结论，你还可以约其他教师进行面谈。

资源 R
情境分析表

学生姓名：_____ 起始日期：_____
观察者姓名：_____ 上课时间：_____
*与学生的关系：_____ 描述你对这个人的了解程度（见下表）及为什么你有资格完成本评估。

目标行为	过渡	工作表/工作簿	朗读	默读	教学活动	计算机时间	大型讲座	独立工作	纸笔作业	小组项目/实验室	其他
开小差											
逃避											
坐立不安											
空想、幻想											
注意力不集中											
暴躁、易怒											

特别声明：此表格只限于了解学生（学生的成长史、成长背景和挑战）的人使用。

资源 S.1
散点图分析：样例

学生姓名：苏·史密斯　　起始日期：4/5
观察者：萨拉　　　　　　时间：第二阶段

	4/5	4/6	4/7	4/8	4/9	4/12	4/13	4/14	4/15	4/16
9:00										
9:05										
9:10										
9:15										
9:20										
9:25										
9:30										
9:35										
9:40										
9:45										
9:50										
9:55										
10:00										

注：苏在周一、周五时是麻烦最多的，是害怕见到爸爸吗？同时她在进入教室上课方面也有困难，每天都要在催促下开始上课。另外，除了安排少的周四，其他时间她到一天结束时似乎已经精疲力尽，这说明时间周期过长。

资源 S.2
散点图分析：表格

学生姓名：		起始日期：							
观察者：		日期：							

☐积极参与　▨部分参与　■不参与

日期：									

笔记：

资源 T
积极行为支持

学生：　　　　日期：　　　　观察者：

关注的领域：
☐ 学生人际关系不佳，没有朋友。
☐ 学生感觉受到其他人的威胁、嘲笑或骚扰。
☐ 学生理解概念困难。什么时候？_____
☐ 学生不参与课堂讨论和活动。
☐ 学生行为干扰他人学习。
☐ 学生不参加课堂教学和活动。
☐ 学生处理感官输入困难，如噪音和亮光。

在下面的框中，使用积极简单的语言，描述学生三种最具挑战性的行为。避免对行为进行模糊或临床描述（例如，"非任务行为"或"不适当"），请使用精确的描述（如"连续敲脚"或者"戳身旁的同学"）。

挑战行为 1	挑战行为 2	挑战行为 3

行为可能的原因：
☐ 环境压力因素（气味、触摸、噪音、明亮的灯光、拥挤的房间）
注释：
☐ 社会压力因素（令人困惑的社交场合、讨厌的人、虐待）
注释：
☐ 内在压力因素（学生感到孤单、不高兴、害怕、焦虑、囿于某一想法、过度刺激、疲劳、饥饿、生病、太热或太冷）
注释：

时间、地点、人
1. 一周中，有没有行为的高发时间点？有的话，是什么时候？
2. 行为最易在哪里发生？谁在场？行为发生有一定模式吗？
3. 行为发生之前发生了什么？之后又发生了什么？

参考文献

Adreon, D., & Stella, J. (2001). Transition to middle and high school: Increasing the success of students with Asperger syndrome. Intervention in School and Clinic, 36(5), 266-271.

Affleck, J., Edgar, E., Levine, P., & Kortering, L. (1990). Postschool status of students classified as mildly mentally retarded, learning disabled, or non-handicapped: Does it get better with time? Education and Training in Mental Retardation, 25, 315-324.

American Psychiatric Association. (2000). Diagnostic and statistical manual of mental disorders (4th ed., text rev.). Washington, DC: Author.

Asher, S. R., Parker, J. G., & Walker, D. (1996). Distinguishing friendship from acceptance: Implications for intervention and assessment. In W. Bukowski, A. Newcomb, & W. Hartup (Eds.), The company they keep: Friendship in child-hood and adolescence (pp. 366-407). Cambridge, England: Cambridge University Press.

Asperger, H. (1944). Die "Autistischen Psychopathen" im Kindesalter. Archiv für Psychiatrie und Nervenkrankheiten, 117, 76-136.

Attwood, T. (2008). An overview of autism spectrum disorders. In K. D. Buron & P. Wolfberg (Eds.), Learners on the autism spectrum: Preparing highly qualified educators (pp. 19-43). Shawnee Mission, KS: Autism Asperger Publishing Co.

Baker, J. (2003). Social skills training: For children and adolescents with Asperger syndrome and social-communication problems. Mission, KS: Autism Asperger Publishing Co.

Baker, M. J., Koegel, R. L., & Koegel, L. K. (1998). Increasing the social behavior of young children with autism using their obsessive behaviors. Journal of the Association of Persons With Severe Handicaps, 23(4), 300–308.

Baltaxe, C., & Simmons, J. (1977). Bedtime soliloquies and linguistic competence in autism. Journal of Speech and Hearing Disorders, 42, 376–393.

Barnhill, G. (2001). What is Asperger syndrome? Intervention in School and Clinic, 36, 258–266.

Baron-Cohen, S. (1992). Out of sight or out of mind: Another look at deception in autism. Journal of Child Psychology and Psychiatry, 33, 1141–1155.

Baron-Cohen, S. (2007). I cannot tell a lie. In Character, 3, 52–59.

Baron-Cohen, S. (2009). Autism: The empathizing-systemizing (E-S) theory. In A. Kingstone & M. B. Miller (Eds.), The year in cognitive neuroscience, 2009: Annals of the New York Academy of Sciences, 1156, 68–80.

Bauer, S. (1999). Asperger syndrome. Retrieved February 11, 2011, from http://www.aspergersyndrome.org/Articles/kelley.aspx

Beidel, D. C., Turner, S. M., & Morris, T. L. (2000). Behavioral treatment of childhood social phobia. Journal of Consulting and Clinical Psychology, 68, 1072–1080.

Bellamy, G. T., Rhodes, L., Bourbeau, P., & Mank, D. (1986). Mental retardation services in sheltered workshops and day activity programs: Consumer benefits and policy alternatives. In F. Rusch (Ed.), Competitive employment issues and strategies (pp. 257–271). Baltimore, MD: Paul H. Brookes.

Bellini, S. (2006). The development of social anxiety in adolescents with autism spectrum disorders. Focus on Autism and Other Developmental Disabilities, 21(3),138-145.

Blackorby, J., & Wagner, M. (1996). Longitudinal postschool outcomes of youth with disabilities: Findings from the National Longitudinal Transition Study. Exceptional Children, 62(5), 399-413.

Bravmann, S. (2004). Two, four, six, eight, let's all differentiate: Differential education yesterday, today, and tomorrow. Retrieved June 25,2010, from http://education.jhu.edu/newhorizons

Broer, S. M., Doyle, M. B., & Giangreco, M. F. (2005). Perspectives of students with intellectual disabilities about their experiences with paraprofessional support. Exceptional Children, 71(4),415-430.

Campbell, J. M. (2007). Middle school students' response to the self-introduction of a student with autism: Effects of perceived similarity, prior awareness, and educational message. Remedial and Special Education, 28(3),163-173.

Carothers, D. E., & Taylor, R. L. (2004). Social cognitive processing in elementary school children with Asperger syndrome. Education & Training in Developmental Disabilities, 39(2),177-187.

Carter, E. W., & Hughes, C. (2006). Including high school students with severe disabilities in general education classes: Perspectives of general and special educators, paraprofessionals, and administrators. Research and Practice for Persons With Severe Disabilities, 31(2), 174-185.

Centers for Disease Control and Prevention. (2007). Prevalence of autism spectrum disorders: Autism and developmental disabilities monitoring network, six sites, United States, 2002. In Surveillance Summaries, MMWR 2007,56. Retrieved May 3,2008, from http://www.cdc.gov/mmwr/preview/mmwrhtml/ss5601a2.htm.

Centers for Disease Control and Prevention. Autism Information Center. (2010). Retrieved May 31, 2010, from http://www.cdc.gov/ncbddd/autism/index.html.

Chandler-Olcott, K., & Kluth, P. (2009). Why everyone benefits from including students with autism in literary classrooms. Reading Teacher, 62(7), 548–557.

Church, C., Alisanski, S., & Amanullah, S. (2000). The social behavioral and academic experiences of children with Asperger syndrome. Focus on Autism and Other Developmental Disabilities, 15, 12–20.

Cole, D. A., & Meyer, L. H. (1991). Social integration and severe disabilities: A longitudinal analysis of child outcomes. Journal of Special Education, 25(3), 340–351.

Copeland, S. R., Hughes, C., Carter, E. W., Guth, C., Presley, J., Williams, C. R., et al. (2004). Increasing access to general education: Perspectives of participants in a high school peer support program. Remedial and Special Education, 26, 342–352.

Crone, D. A., & Horner, R. H. (2003). Building positive behavior support systems in schools: Functional behavior assessment. New York: Guilford Press.

Curie, E. (1939). Madame Curie: A biography by Eve Curie. New York: Doubleday.

Dales, L., Hammer, S. J., & Smith, N. J. (2001). Time trends in autism and in MMR immunization coverage in California. Journal of the American Medical Association, 285, 1183–1185.

DeStefano, L., & Wagner, M. (1991). Outcome assessment in special education: Lessons learned. Menlo Park, CA: SRI International.

DiSalvo, D. A., & Oswald, D. P. (2002). Peer-mediated interventions to increase the social interaction of children with autism:

Consideration of peer expectancies. Focus on Autism and Other Developmental Disabilities, 17(4),198-208.

Doering, K. (2005). Reflection tools for facilitating positive student outcomes. San Francisco: San Francisco State University, California Research Institute (CRI), Department of Special Education.

Dunlap, G., & Kern, L. (1993). Assessment and intervention for children within the instructional curriculum. In S. F. Warren, J. Reichle, & D. P. Wacker (Vol. Eds.), Communication and language intervention series: Vol. 3. Communicative alterna-tives to challenging behavior: Integrating functional assessment and intervention strategies (pp. 177-203). Baltimore, MD: Paul H. Brookes.

Edelson, M. G. (2005). A car goes in the garage like a can of peas goes in the refrigerator: Do deficits in real-world knowledge affect the assessment of intelli-gence in individuals with autism? Focus on Autism and Other Developmental Disabilities, 20(1),2-9.

Ellaway, C., & Christodoulou, J. (1999). Rett syndrome: Clinical update and review of recent genetic advances. Journal of Pediatric and Child Health, 35,419-426.

Ellis, E., Gable, R. A., Gregg, M., & Rock, M. L. (2008). REACH: A framework for differentiating classroom instruction. Preventing School Failure, 52(2),31-47.

Farrugia, S., & Hudson, J. (2006). Anxiety in adolescents with Asperger syndrome: Negative thoughts, behavioral problems, and life interference. Focus on Autism and Other Developmental Disabilities, 21,25-35.

Folstein, S., & Rutter, M. (1977). Infantile autism: A genetic study of 21 twin pairs. Journal of Child Psychology and Psychiatry, 18(4), 297-321.

Fombonne, E. (2005). Epidemiological surveys of autism and other pervasive developmental disorders. In F. R. Volkmar, R. Paul, A. Klin, & D. Cohen (Eds.), Handbook of autism and pervasive developmental disorders (3rd ed., pp. 42 – 69). New York: Wiley.

Friend, M., & Cook, L. (1998). Interventions: Collaboration skills for school professionals (3rd ed.). White Plains, NY: Longman.

Frith, U. (2001). Mind blindness and the brain in autism. Neuron, 32(6), 969 – 979.

Fryxell, D., & Kennedy, C. H. (1995). Placement along the continuum of services and its impact in students' social relationships. Journal of the Association for Persons With Severe Handicaps, 20, 259 – 269.

Gahran, A. (2005). Why communicate at all? Retrieved June 17, 2010, from http://www.contentious.com/2005/05/30/why-communicate-at-all.

Ghaziuddin, M., & Butler, E. (1998). Clumsiness in autism and Asperger syndrome: A further report. Journal of Intellectual Disability Research, 42(1), 43 – 48.

Giangreco, M. F. (2003). Working with paraprofessionals. Educational Leadership, 61, 50 – 53.

Giangreco, M. F., & Broer, S. M. (2005). Questionable utilization of paraprofessionals in inclusive schools: Are we addressing symptoms or causes? Focus on Autism and Other Developmental Disabilities, 20(1), 10 – 26.

Giangreco, M. F., & Broer, S. M. (2007). School-based screening to determine overreliance on paraprofessionals. Focus on Autism and Other Developmental Disabilities, 22(3), 149 – 158.

Giangreco, M. F., Broer, S. M., & Edelman, S. W. (2001). Teacher engagement with students with disabilities: Differences between paraprofessional service delivery models. Journal of the Association for Persons With Severe Handicaps, 26, 75 – 86.

Giangreco, M. F. , & Doyle, M. B. (2004). Directing paraprofessional work. In C. Kennedy & E. Horn (Eds.), Including students with severe disabilities (pp. 185 – 204). Boston: Allyn & Bacon.

Giangreco, M. F. , Edelman, S. , Luiselli, T. E. , & MacFarland, S. Z. C. (1997).

Helping or hovering? Effects of instructional assistant proximity on students with disabilities. Exceptional Children, 64,7 – 18.

Giangreco, M. F. , Smith, C. S. , & Pinckney, E. (2006). Addressing the paraprofessional dilemma in an inclusive school: A program description. Research & Practice for Persons With Severe Disabilities, 31(3),215 – 229.

Giangreco, M. F. , Yuan, S. , McKenzie, B. , Cameron, P. , & Fialka, J. (2005). "Be careful what you wish for . . . ": Five reasons to be concerned about the assignment of individual paraprofessionals. Teaching Exceptional Children, 37(5),28 – 34.

Grandin, T. (1995). Thinking in pictures: And other reports from my life with autism. New York: Vintage Press.

Grandin, T. (2000). My experiences with visual thinking, sensory problems, and communication difficulties. San Diego, CA: Autism Research Institute.

Grandin, T. , & Barron, S. (2005). Unwritten rules of social relationships: Decoding social mysteries through the unique perspectives of autism. Arlington, TX: Future Horizons.

Gutstein, S. E. , & Whitney, T. (2002). Asperger syndrome and the development of social competence. Focus on Autism and Other Developmental Disabilities, 17(3),161 – 171.

Handleman, J. (1999). Assessment for curriculum planning. In D. Berkell-Zager (Ed.), Autism: Identification, education & treatment (2nd ed. , pp. 99 – 110). Mahwah, NJ: Lawrence Erlbaum.

Harrower, J. K. , & Dunlap, G. (2001). Including children with autism in general education classrooms: A review of effective strategies. Behavior Modification, 25,762 - 784.

Hartup, W. W. (1999). Peer experience and its developmental significance. In M. Bennett (Ed.), Developmental psychology: Achievements and prospects (pp. 106 - 125). Philadelphia, PA: Psychology Press.

Hartup, W. W., & Stevens, N. (1997). Friendships and adaptation in the life course. Psychological Bulletin, 121,355 - 370.

Heinrichs, R. (2003). Perfect targets: Asperger syndrome and bullying: Practical solutions for surviving the social world. Shawnee Mission, KS: Autism Asperger Publishing Co.

Hines, R. A., & Johnston, J. H. (1996). Inclusive classrooms: The principal's role in promoting achievement. Schools in the Middle, 5(3),6 - 10.

Hoch, H., Taylor, B. A., & Rodriguez, A. (2009). Teaching teenagers with autism to answer cell phones and seek assistance when lost. Behavior Analysis in Practice, 2(1),14 - 20.

Hodgdon, L. A. (1999). Visual strategies for improving visual communication: Vol. 1. Practical support for school and home. Troy, MI: Quirk Roberts.

Howlin, P., & Asgharian, A. (1999). The diagnosis of autism and Asperger syndrome: Findings from a survey of 770 families. Developmental Medicine and Child Neurology, 41,834 - 839.

Hunt, P., Farron-Davis, F., Beckstead, S., Curtis, D., & Goetz, L. (1994). Evaluating the effects of placement of students with severe disabilities in general education versus special classes. Journal of the Association for Persons With Severe Handicaps, 19,200 - 214.

Hurlbutt, K., & Chalmers, L. (2002). Adults with autism speak out: Perceptions of their life experiences. Focus on Autism and Other Developmental Disabilities, 17,103.

Jackson, L. (2002). Freaks, geeks, and Asperger syndrome: A user guide to adolescence. London: Jessica Kingsley.

Jackson-Brewin, B., Renwick, R., & Schormans, A. F. (2008). Parental perspectives of the quality of life in school environments for children with Asperger syndrome. Focus on Autism and Other Developmental Disabilities, 23, 242.

Kaland, N., Møller-Nielsen, A., Callesen, K., Mortensen, E. L., Gottlieb, D., & Smith, L. (2002). A new "advanced" test of theory of mind: Evidence from children and adolescents with Asperger syndrome. Journal of Child Psychology and Psychiatry, 43, 517–528.

Kamps, D., Royer, J., Dugan, E., Kravits, T., Gonzalez-Lopez, A., Garcia, J., et al. (2002). Peer training to facilitate social interaction for elementary students with autism and their peers. Exceptional Children, 68(2), 173–187.

Kanner, L. (1943). Autistic disturbances of affective contact. Nervous Child, 2, 217–250.

Koegel, R. L., & Koegel, L. (2006). Pivotal response treatments for autism: Communication, social, & academic development. Baltimore, MD: Paul H. Brookes.

Koegel, R. L., Koegel, L. K., & Surratt, A. V. (1992). Language intervention and disruptive behavior in preschool children with autism. Journal of Autism and Developmental Disorders, 22, 141–153.

Kohn, A. (1995). Discipline is the problem — not the solution. Retrieved September 11, 2010, from http://www.alfiekohn.org/articles_subject.htm#null.

Koning, C., & McGill-Evans, J. (2001). Social and language skills in adolescent boys with Asperger syndrome. Autism: The International Journal of Research & Practice, 5, 23–36.

Krasny, L., Williams, B. J., Provencal, S., & Ozonoff, S. (2003). Social skills interventions for the autism spectrum: Essential ingredients and a model curriculum. Child and Adolescent Psychiatric Clinics in North America, 12(1), 107 – 122.

Kunc, N. (1984). Integration: Being realistic isn't realistic. Canadian Journal for Exceptional Children, 1(1).

Kunc, N., & Van der Klift, E. (1994). Hell-bent on helping: Benevolence, friendship, and the politics of help. In J. Thousand, R. Villa, & A. Nevin (Eds.), Creativity and collaborative learning: A practical guide to empowering students and teachers (pp. 21 – 28). Baltimore, MD: Paul H. Brookes.

Lane, K. L., Pierson, M. R., & Givener, C. C. (2003). Teacher expectations of student behavior: Which skills do elementary and secondary teachers deem necessary for success in the classroom? Education and Treatment of Children, 26, 413 – 418.

Laurent, A. C., & Rubin, E. (2004). Emotional regulation challenges in Asperger's syndrome and high functioning autism. Topics in Language Disorders, 24(4), 286 – 297.

Ledgin, N. (2002). Asperger's and self esteem, insight and hope through famous role models. Arlington, TX: Future Horizons.

Lenhart, A., Ling, L., Campbell, S., & Purcell, K. (2010). Teens and mobile phones. Pew Internet & American Life Project. Washington, DC: Pew Research Institute. Retrieved June 23, 2010, from www.pewinternet.org/~/media//Files PIP-Teens-and-Mobile-2010.pdf.

Lewis, S. (1994). Full inclusion: An option or a system? Journal of Visual Impairment and Blindness, 88, 293 – 294.

Lipsky, D. K. (1994). National survey gives insight into inclusive movement. Inclusive Education Programs, 1(3), 4 – 7.

Little, L. (2002). Middle class mothers' perceptions of peer and sibling victimization among children with Asperger's syndrome and nonverbal learning disorders. Issues in Comprehensive Pediatric Nursing, 25,43-57.

Malmgren, K. W. , & Causton-Theoharis, J. N. (2006). Boy in the bubble: Effects of paraprofessional proximity and other pedagogical decisions on the interactions of a student with behavioral disorders. Journal of Research in Childhood Education, 20(4),301-312.

McGinnity, K. , & Negri, N. (2005). Walk awhile in my autism: A manual of sensitivity to promote understanding of people on the autism spectrum. Cambridge, WI: Cambridge Book Review Press.

McGregor, G. (1993, Fall). Inclusion: A powerful pedagogy. Front Line, 2(1),8-10.

Mesibov, G. , & Lord, K. (1997). Some thoughts on social skills training for children, adolescents and adults with autism. Unpublished manuscript.

Mirenda, P. (2001). Autism, augmentative communication, and assistive technology: What do we really know? Focus on Autism and Other Developmental Disabilities, 16(3),141-151.

Mullins, E. R. , & Irvin, J. L. (2000). Transition into middle School: What research says. Middle School Journal, 31(3),57-60.

Myles, B. S. (2005). Children and youth with Asperger syndrome: Strategies for success in inclusive settings. Thousand Oaks, CA: Corwin.

Myles, B. S. , Hagiwara, R. , Dunn, W. , Rinner, L. , Reese, M. , Huggins, A. , et al. (2004). Sensory issues in children with Asperger syndrome and autism. Education and Training in Developmental Disabilities, 39,283-290.

Myles, B. S. , & Simpson, R. L. (2001). Understanding the hidden curriculum: An essential social skill for children and youth with Asperger syndrome. Intervention in School and Clinic, 36(5),279-

286.

Myles, B. S., & Simpson, R. L. (2003). Students with Asperger syndrome: A guide for educators and parents (2nd ed.). Austin, TX: Pro-Ed.

Myles, B. S., & Southwick, J. (2005). Asperger syndrome and difficult moments: Practical strategies for tantrums, rage, and meltdowns. Shawnee Mission, KS: Autism Asperger Publishing.

Nansel, T., Overpeck, M., Pilla, R., Ruan, W., Simons-Morton, B., & Scheidt, P. (2001). Bullying behaviors among U. S. youth: Prevalence and association with psychosocial adjustment. Journal of the American Medical Association, 285, 2094 - 2100.

National Autism Center. (2009). Evidence-based practice and autism in the schools: A guide to providing appropriate interventions to students with autism spectrum disor-ders. Randolph, MA: National Autism Center.

National Research Council. (2001). Educating children with autism. Washington, DC: National Academy Press.

Neary, T., Halvorsen, A. T., Kronberg, R., & Kelly, D. (1992, December). Curricular adaptations for inclusive classrooms. San Francisco: California Research Institute for the Integration of Students With Severe Disabilities.

Newman, L. (2007). Secondary school experiences of students with autism. Menlo Park, CA: SRI International. Retrieved April 25, 2010, from http://ies.ed.gov/ncser/pubs/20073005/index.asp.

Odom, S. L., & Strain, P. S. (1984). Peer-mediated approaches to promoting chil-dren's social interaction: A review. American Journal of Orthopsychiatry, 54, 544 - 557.

Olweus, D. (1993). Bullying at school: What we know and what we can do. Oxford: Blackwell.

Pardini, P. (2002). The history of special education: Rethinking schools. Urban Education Journal, 16(3).

Picket, A. L., Gerlach, K., Morgan, R., Likins, M., & Wallace, T. (2007). Paraeducators in schools: Strengthening educational teams. Austin, TX: Pro-Ed.

Pitonyak, D. (2005, November 1). 10 things you can do to support a person with difficult behaviors. Retrieved September 7, 2010, from http://www.dimagine.com/Pitonyak, D., & O'Brien, J. (2009, January 19). Effective behavior support, version 2. Retrieved September 7, 2010, from http://www.dimagine.com.

Premack, D. G., & Woodruff, G. (1978). Does the chimpanzee have a theory of mind? Behavioral and Brain Sciences, 1, 515–526.

Rao, P. A. C., Beidel, D. C., & Murray, M. J. (2008). Social skills interventions for children with Asperger's syndrome or high-functioning autism: A review and recommendations. Journal of Autism and Developmental Disorders, 38(2), 353–361.

Rigby, K. (1996). Bullying in schools: And what to do about it. London: Jessica Kingsley.

Roberts, E. M., English, P. B., Grether, J. K., Windham, G. C., Somberg, L., & Wolff, C. D. (2007, October). Maternal residence near agricultural pesticide applications and autism spectrum disorders among children in the California centralvalley. Environmental Health Perspectives, 115(10), 1482–1489.

Robertson, T. S., & Valentine, J. W. (1998). Research summary: The impact of inclusion on students and staff. Retrieved March 24, 2010, from http://www.nmsa.org/Research/ResearchSummaries/Summary14/tabid/268/Default.aspx.

Rubin, K. H., Bukowski, W., & Parker, J. G. (1998). Peer interactions, relationships, and groups. In W. Damon (Ed.), Handbook of child psychology (5th ed.). New York: Wiley.

Sands, D. J., Kozleski, E. B., & French, N. K. (2000). Inclusive education for the 21st century: A new introduction to special education. Belmont, CA: Wadsworth/Thompson Learning.

Saskatchewan Learning. (2001). Creating opportunities for students with intellectual or multiple disabilities: The Evergreen Curriculum. Regina, SK, Canada: Author.

Sears, R. W. (2007). The vaccine book: Making the right decision for your child. New York: Little, Brown and Company.

Shoffner, M., & Williamson, R. (2000). Facilitating student transitions into middle school. Middle School Journal, 31, 47–51.

Shore, S. (2004). Ask and tell: Self-advocacy and disclosure for people on the autism spectrum. Shawnee-Mission, KS: Autism Asperger Publishing Co.

Simpson, R. L. (2005). Evidence-based practices and students with autism spectrum disorders. Focus on Autism and Other Developmental Disorders, 20(3), 140–149.

Sinclair, J. (1993). Don't mourn for us. Our Voice, 1(3), Autism Network International. Retrieved from http://www.autreat.com/dont_mourn.html.

Siperstein, G. N., Parker, R. C., Bardon, J. N., & Widaman, K. F. (2007). A national study of youth attitudes toward the inclusion of students with intellectual disabilities. Exceptional Children, 73, 435–455.

Snow, K. (2003). People first language document. Self-published at 250 Sunnywood Lane, Woodland Park, CO 80863.

Staub, D., & Peck, C. A. (1994–1995). What are the outcomes for non-disabled students? Educational Leadership, 52(4), 36–40.

Strain, P. S. (2008, May). Key ingredients to effective inclusive early intervention for children with autism. Opening address presented at the 3rd Annual General/Special Education Collaborative: Evidence Based Practice. Sponsored by California State University, Fullerton.

Brea, California.

Strain, P. S., & Schwartz, I. (2001). ABA and the development of meaningful social relationships for young children with autism. Focus on Autism and Other Developmental Disorders, 16,120–128.

Swedo, S. (2009). Report of the DSM-V Neurodevelopmental Disorders Work Group, American Psychiatric Association. Retrieved May 23, 2010, from http://www.dsm5.org/ProposedRevisions/Pages/InfancyChildhoodAdolescence.aspx.

Tashie, C., & Rossetti, Z. (2004). Friendship: What's the real problem? TASH Connections, 30(1–2),35–37.

Taylor, B., Miller, E., Farrington, C., Petropoulos, M.-C., Favot-Mayaud, I., Li, J., et al. (1999, June 12). Autism and measles, mumps, and rubella vaccine: No epidemiological evidence for a causal association. Lancet, 353(9169),2026–2029.

Thousand, J., Villa, R. A., & Nevin, A. I. (Eds.). (2002). Creativity and collaborative learning. Baltimore, MD: Paul H. Brookes.

Tryon, P. A., Mayes, S. D., Rhodes, R. L., & Waldo, M. (2006). Can Asperger's disorder be differentiated from autism using DSM-Ⅳ criteria? Focus on Autism and Other Developmental Disabilities, 21(1),2–6.

University of Wisconsin-Madison. (2005, March 10). Eye contact triggers threat signals in autistic children's brains. Science Daily. Retrieved April 20, 2008, from http://www.sciencedaily.com/releases/2005/03/050309151153.htm.

Van der Klift, E., & Kunc, N. (1994). Hell-bent on helping: Benevolence, friendship, and the politics of help. In J. Thousand, R. Villa, & A. Nevin (Eds.), Creativity and collaborative learning: A practical guide to empowering students and teachers. Baltimore, MD: Paul H. Brookes.

Van der Klift, E. , & Kunc, N. (1995). Learning to stand still: Non-coercive responses to puzzling behavior. Nanaimo, BC, Canada: Axis Consultation & Training Ltd.

Volkmar, F. R. , & Lord, C. (2007). Diagnosis and definition of autism and other pervasive developmental disorders. In F. R. Volkmar (Ed.), Autism and pervasive developmental disorders (2nd ed. , pp. 1 – 32). Cambridge, UK: Cambridge University Press.

White, E. (2002). Fast girls: Teenage tribes and the myth of the slut. New York: Scribner. Will, M. C. (1986). Educating children with learning problems: A shared responsi-bility [the December 1985 Wingspread Conference address as published]. Exceptional Children, 53,411 – 415.

Willey, L. H. (1999). Pretending to be normal: Living with Asperger's syndrome. London: Jessica Kingsley.

Wiseman, R. (2002). Queen bees and wannabes: Helping your daughter survive cliques, gossip, boyfriends and other realities of adolescence. New York: Crown Publishers.

Zemelman, S. , Daniels, H. , & Hyde, A. (2005). Best practice: Today's standards for teaching and learning in America's schools (3rd ed.). Portsmouth, NH: Heinemann.